RECUEIL

GÉNÉRAL ET RAISONNÉ

DE LA JURISPRUDENCE

ET

DES ATTRIBUTIONS

DES JUSTICES DE PAIX

DE FRANCE.

RECUEIL

GÉNÉRAL ET RAISONNÉ

DE LA JURISPRUDENCE

ET

DES ATTRIBUTIONS

DES JUSTICES DE PAIX

DE FRANCE;

CONTENANT sommairement tout ce qui se rapporte à ces matières, dans les cinq Codes, dans les Lois et Réglements particuliers, depuis vingt-huit ans; dans les Arrêts des Cours, Décisions ministérielles, et les Avis du Conseil d'état : le tout comparé à l'ancienne législation.

Convenit à litibus quantum licet, et nescio an paulò plus etiam quàm licet, abhorentem esse. Est enim non modo liberate paululùm non nunquam de suo jure decedere, sed interdum etiam fructuosum.
CIC. *de offic.*, *lib.* II, *c.* VIII.

DÉDIÉ A MESSIEURS LES JUGES DE PAIX DE FRANCE;

PAR M. BIRET,

Jurisconsulte, Juge de paix à la Rochelle.

TOME PREMIER.

———

A PARIS,

CHEZ ARTHUS BERTRAND, LIBRAIRE,

RUE HAUTEFEUILLE, N° 23;

Et à la Rochelle, chez l'AUTEUR.

———

1819.

A MESSIEURS
LES JUGES DE PAIX
DE FRANCE.

Messieurs et chers Collègues,

Réunir, sous la forme commode d'un Dictionnaire, les attributions nombreuses et variées de la plus heureuse de nos institutions sociales; raisonner, dans un ensemble bien lié, les compétences des tribunaux de paix, tant en matières civiles, de police simple et judiciaire, de douanes, d'octroi, de commerce, que sur cent autres sujets non contentieux ou extra-judiciaires; appliquer aux uns et aux autres une foule de dispositions éparses dans une législation très-variable de vingt-huit années; enfin allier à tout cela les plus sages règles du droit romain, une saine pratique confirmée par la jurisprudence des cours et les éléments de tous actes de procédure relatifs aux justices de paix, c'est compléter tous les ouvrages qui ont été publiés sur cette bienfaisante institution; c'est même, on peut le dire, remplir ce qu'ils ont laissé à désirer.

Tel est, Messieurs, l'ouvrage que j'ai l'honneur d'offrir à une magistrature honorée de la France, de l'Europe entière, et qui a su acquérir l'estime de tous les partis.

Pour rendre cette production d'autant plus digne de vous, Messieurs, et de vos augustes fonctions, je l'ai soumise à l'examen de jurisconsultes célèbres, qui l'ont jugée complète, *comme pouvant seule tenir lieu de tous les codes et de tous les commentaires.*

Cette décision flatteuse, jointe à une expérience de trente années, me persuade, Messieurs, que mon recueil vous sera singulièrement utile; et, quand il ne ferait que vous éviter des recherches longues et pénibles, des examens, des comparaisons, des incertitudes, mon but serait rempli.

Daignez donc, Messieurs, honorer d'un favorable accueil, la dédicace d'une production qui vous est consacrée par le sentiment et par le devoir d'un collègue; croyez qu'il lui est bien doux de rendre cet hommage solennel à vos belles fonctions et à vos vertus.

Je suis avec respect,

Messieurs et chers Collègues,

Votre très-humble et très-obéissant serviteur,

BIRET.

RECUEIL

GÉNÉRAL ET RAISONNÉ

DE LA JURISPRUDENCE

ET

DES ATTRIBUTIONS

DES JUSTICES DE PAIX

DE FRANCE.

A.

Absents. La France a été pendant bien des siècles sans avoir un corps de législation sur l'absence et ses effets. On suivait, en général, jusqu'aux assemblées législatives, diverses dispositions des lois romaines, certaines jurisprudences des cours et quelques maximes d'auteurs.

Les absents sont ceux qui ont disparu de leurs domiciles, sans avoir laissé de pouvoirs pour les représenter et administrer leurs biens.

Le code civil de la convention nationale donna une grande autorité aux juges de paix à l'égard des absents, puisqu'ils pouvaient non-seulement établir des administrateurs de leurs biens, mais encore envoyer leurs héritiers en possession après cinq ans. Cette législation éphémère n'existe plus. La présomption de l'absence, sa déclaration et ses effets ont été mieux fixés dans les attributions des tribunaux de première instance par les articles 112 à 143 du nouveau code civil. Cependant lorsqu'il y a lieu de recueillir une succession dévolue à un absent qui est au service militaire, les attributions des juges de première instance souffrent une exception formelle : c'est au juge de paix à exercer les mesures conservatoires des droits des militaires absents. D'abord il appose le scellé, même d'office, sur le mobilier de la succession ouverte en sa faveur, en tout ou partie. (*Articles 6 et 7 de la loi du 27 mars 1791, et 911 du Code de procédure.*)

« Immédiatement après l'apposition du scellé, le juge de paix en avertit les héritiers militaires absents ; s'il sait à quel corps d'armée ils sont attachés, il en instruit pareillement le ministre de la guerre, et le double de ses lettres est copié à la suite de son procès verbal avant l'enregistrement.

« Après un mois expiré, si l'héritier militaire ne donne pas de ses nouvelles ou n'envoie pas de procuration, le juge de paix fait nommer un curateur à l'absent, lequel provoque la levée des scellés, assiste à leur reconnaissance, fait procéder à l'inventaire et à la vente du mobilier de la succession, etc. » (*Décret du 11 ventose an 2.*)

On pourrait croire que ces dispositions sont abolies parce qu'elles sont antérieures au code civil, mais ce serait une erreur. La preuve du contraire réside, 1° dans le décret du 16 mars 1807, qui ordonne la publication et l'exécution de celui du 11 ventose, dont je viens de donner l'extrait ; 2° dans les avis du ministre de la justice donnés aux juges de paix ; 3° dans la correspondance journalière du ministre de la guerre avec ces juges, sur l'exécution des articles de ce décret qui lui sont personnels ; 4° dans un arrêt de la cour de Bruxelles du 24 mai 1809, qui a décidé que les articles 112 et 113 du code civil, prescrivant des mesures générales en cas d'absence présumée, ne sont applicables à l'absence des militaires que d'après l'observation des règles particulières établies par le décret du 11 ventose an 2 ; 5° dans un autre arrêt de la cour de Colmar du 3 mai 1815, qui, en confirmant les mêmes principes, ordonne que le curateur à l'absence d'un militaire sera nommé par un conseil de famille, et non par le tribunal de première instance.

Cependant, si les héritiers du militaire absent avaient été envoyés en possession de ses biens, ou même s'ils s'étaient pourvus suivant la loi du 13 janvier 1817 pour faire constater le décès de l'absent, alors les règles particulières du décret du 11 ventose an 2 devraient naturellement cesser.

Mais, dans tous les autres cas d'absence d'héritiers présomptifs non militaires, c'est suivant les articles 112 et 113 du code civil qu'ils doivent être représentés aux levées de scellés, inventaires,

ventes et partages des successions auxquelles ils
sont intéressés (1), où même suivant le troisième
paragraphe de l'article 931 du code de procédure.
Néanmoins il ne faut pas perdre de vue que les
cohéritiers d'un absent, ou présumé tel, sont
fondés à recueillir sa part dans la succession ouverte, lorsque son existence n'est pas reconnue.

Non-seulement l'article 136 du code civil le
prononce textuellement, mais encore cela a été
jugé affirmativement par un grand nombre d'arrêts:
les plus remarquables sont celui de la cour de
Douai du 15 nivose an 12; ceux de la cour de
Poitiers des 11 pluviose an 13, et 29 avril 1807;
un arrêt de celle de Bruxelles du 21 germinal an
13, et celui de la cour suprême, du premier prairial an 13.

ACCEPTATIONS DE SUCCESSIONS. Les successions
qui sont dévolues aux mineurs et aux interdits
ne peuvent être acceptées valablement que suivant
les dispositions du titre *de la minorité, de la tutelle et de l'émancipation* du Code civil.

Ce titre attribue aux juges de paix plusieurs actes
particuliers : 1° l'apposition du scellé, soit d'office,

____

(1) *Voyez*, pour l'exécution de ces deux articles, le 859°
du code de procédure. Les pièces qui doivent être jointes
à la requête qui est présentée au président de première instance, sont l'acte de décès, un acte de notoriété constatant
que l'héritier qu'il s'agit de représenter est présumé absent
depuis plusieurs années ; enfin, une attestation que, pendant trois mois et quarante jours, la levée du scellé n'a pas
été requise. Ces deux dernières pièces se délivrent par le
juge de paix.

soit à la requête du tuteur, ou des parents ; 2° la nomination d'un tuteur et d'un subrogé tuteur aux mineurs ; 3° l'émancipation des mineurs, s'ils sont en âge et capables de la recevoir ; 4° la levée du scellé à la charge d'inventaire ; 5° une délibération du conseil de famille, pour autoriser l'acceptation sous bénéfice d'inventaire, des successions échues aux mineurs, ou pour les répudier purement et simplement.

L'omission d'une seule de ces formalités rendrait irrégulière l'acceptation d'une succession pour un mineur : c'est l'esprit de l'article 776 du code civil , deuxième paragraphe. D'ailleurs , *nemini invito beneficium confertur.* Il est donc indispensable que des formes soient observées pour établir la volonté de ceux que la loi charge de parler pour les mineurs, qui ne peuvent eux-mêmes manifester légalement leurs intentions.

Quand doit-on autoriser une acceptation de succession pour un mineur ? Lorsque les forces en sont établies authentiquement, c'est-à-dire par un inventaire en forme. On ne peut accepter, même conditionnellement , ce qu'on ne connaît pas ; et il n'est point dans l'intention de la loi de charger un mineur d'une comptabilité sans objet, ou évidemment onéreuse ; mais elle veut bien qu'on agisse pour lui en connaissance de cause : autrement elle n'imposerait pas au tuteur un inventaire, bientôt après, une vente et d'autres actes conservatoires. Il est donc prudent que le conseil de famille n'accorde son autorisation pour accepter ou renoncer aux successions, que sur le vu des

bilans de leurs actif et passif : tels sont les inventaires.

C'est le juge de paix du domicile du mineur,
ou celui du lieu de l'ouverture de la succession,
qui reçoit le conseil de famille pour ces autorisations.

Si une succession avait d'abord été répudiée
pour le compte d'un mineur et non acceptée par un
autre, elle pourrait être reprise, soit par une
nouvelle délibération du conseil de famille, soit
par le mineur devenu majeur. *V.* CONSEILS DE FA-
MILLE.

ACCIDENTS, TUMULTES, NAUFRAGES, INCENDIES.
La loi de juillet 1791, article 17, punissait d'une
amende égale au quart de la contribution mobilière, ceux qui refusaient le service et les secours
requis par l'autorité dans les cas d'incendies,
naufrages ou autres fléaux calamiteux. Cette peine
variait donc par sa nature, suivant les facultés
des personnes ; elle se trouvait rarement dans
la compétence des juges de police. Il en était
ainsi sous l'empire du code de brumaire an 4 ;
cependant il fixait le *minimum* de l'amende à trois
francs. Aujourd'hui point de variations sur le taux
de la peine, ni sur la compétence.

L'article 475 du code pénal, § 12, prononce une amende de six francs à dix francs,
contre ceux qui *le pouvant*, auront refusé *ou
négligé* de faire les travaux, le service, ou de
prêter les secours requis dans les accidents, tumultes, incendies, etc., ainsi que dans les cas de

brigandages, pillages, flagrants délits, clameurs publiques, ou d'exécutions judiciaires.

Cette dernière partie est une disposition nouvelle. Il en est ainsi du cas de négligence dans les services requis, qu'aucune loi précédente n'avait réprimé : les lois ne déclaraient coupable que le refus positif.

Actes. *V.* Exécution des actes et jugements.

Actes authentiques (1). Les jugements des juges de paix, soit à charge d'appel, soit en dernier ressort, et sur quelque matière que ce soit, sont des actes authentiques. Mais leurs actes extra-judiciaires, ou non contentieux, n'ont point le même caractère ; ils n'ont que force d'obligation privée.

Des décisions controversées ont été rendues sur ce point par les cours et tribunaux, depuis la loi du 24 août 1790. Je me dispenserai de les rapporter, même de les citer, parce que le nouveau code de procédure lève tous les doutes; il déclare par son article 54, que les engagements des parties, stipulés extra-judiciairement devant le juge de paix, ne sont point authentiques. Cela paraît fort sage, parce que des conventions volontaires, qui ne sont pas sanctionnées par un jugement, n'émanent pas de l'autorité du magistrat, mais de la seule volonté des parties, qui ne peuvent leur donner le caractère public qu'elles n'ont pas elles-mêmes. Ainsi, lorsqu'une partie refuse d'exécuter une convention par elle souscrite volontairement par

(1) Acte signifie parmi nous ce que le mot *instrumentum* exprimait chez les Romains.

un procès verbal de juge de paix , elle doit être
poursuivie dans l'ordre ordinaire devant les tribunaux compétents. Cependant , si la convention
est établie par un procès verbal portant conciliation , on doit assigner de suite devant le tribunal de première instance, puisque la médiation
du pacificateur légal a déjà été employée.

ACTES DE FRANCISATION. *V.* FRANCISATION.

ACTES DE NOTORIÉTÉ. C'est l'attestation d'un
fait par un certain nombre de témoins français et
majeurs.

Le droit de recevoir des actes de notoriété a été
accordé aux juges de paix par différentes lois et
par le nouveau code civil (1). On délivrait autrefois des actes de notoriété dans les siéges royaux,
sur certains usages , sur des points de jurisprudence et sur quelques faits particuliers ; ce qui
remplaçait les enquêtes par turbes , abrogées par
l'ordonnance de 1667. Les notaires même s'étaient
mis en possession de délivrer des actes de notoriété avant la révolution ; ce qu'ils ne peuvent
faire aujourd'hui , sauf dans un seul cas, celui de
certifier, *après inventaire*, la qualité d'héritier de
la personne décédée. Cette exception est motivée
sur ce que le notaire rédacteur de l'inventaire
est réputé avoir fait justifier les qualités des héritiers.

Les principaux actes de notoriété que les juges
de paix délivrent, sont, 1° pour constater la perte

(1) Articles 70 , 71 et 72; lois des 14 septembre 1793, 21
frimaire an 3 , 28 floréal an 7; décret du 18 septembre 1806.

de registres publics, *V*. Registres; 2° pour suppléer les actes de naissance, dont les registres n'existent pas dans les dépôts publics : sept témoins majeurs, de l'un ou de l'autre sexe, doivent déposer dans cette circonstance, et d'une manière pertinente, des causes qui empêchent la représentation des actes manquants ; 3° pour certifier, sur la non-existence d'un inventaire après décès, qu'un individu pensionnaire, rentier ou salarié du gouvernement, est mort *ab intestat*; qu'il laisse tels ou tels pour héritiers, soit en ligne directe, soit en collatérale, ou un conjoint survivant; et qu'en leurs qualités, les uns et les autres ont droit de recevoir les arrérages dus par l'état, de la pension ou traitement dont il s'agit. Deux témoins majeurs et français suffisent pour certifier dans ce dernier acte, qui n'a pas besoin de l'homologation du tribunal de première instance, comme les deux premiers ; ceux-là ne peuvent se passer de cette formalité; la loi l'exige. 4° Les juges de paix donnent des actes de notoriété pour constater l'absence de l'ascendant auquel doit être fait l'acte respectueux, dans l'espèce de l'article 155 du code civil. Enfin, les juges de paix en donnent relativement à l'adoption. *V*. Adoption.

Actes sous signatures privées. On ne peut les produire en justice, ni en faire usage, sans qu'ils aient été enregistrés, sous peine d'une amende de cinquante francs. (*Lois des* 19 *décembre* 1790 *et* 9 *vendémiaire an* 6, *de* 1816 *et de* 1817.) Il y aurait même nullité du jugement qui serait rendu sur un acte privé non enregistré, ainsi qu'il a été

décidé par arrêt de la cour suprême, que je rap-
porterai à l'article *Jugements*.

Les greffiers des juges de paix sont passibles de
l'amende de cinquante francs, parce qu'ils ne
doivent ni expédier, ni signer des jugements qui
contiendraient l'énonciation ou les dispositions
d'un acte non enregistré, *V*. GREFFIERS, ENREGIS-
TREMENT.

ACTIONS PERSONNELLES ET MOBILIÈRES. La personnelle est celle qui naît des obligations des
personnes, soit par leurs faits, soit par la force
des lois (1). Ces obligations se forment de quatre
manières principales : par *le contrat*, *le quasi
contrat, le délit et le quasi délit*. L'action mobilière
est celle qui ne comprend que des choses réputées
meubles par leur nature, comme des restitutions
d'effets, des loyers de maisons ou fermages, des
indemnités pour dommages, etc.

Les juges de paix connaissent, au civil, des
causes pures, personnelles et mobilières, sans appel
jusqu'à la valeur de cinquante francs, et à la charge
d'appel, jusqu'à celle de cent francs; dans ce dernier
cas leurs jugements sont exécutoires nonobstant
l'appel sans donner caution. *V*. EXÉCUTION PROVI-
SOIRE.

Ils connaissent aussi en première instance, à
quelque valeur que la demande puisse monter, des

____

(1) Elle était définie ainsi chez les Romains : *Quá cum eo
agimus qui obligatus est nobis ad faciendum aliquid vel dan-
dum, et semper adversus eumdem locum habet.* L. 25, §. de
oblig. et act.

actions pour dommages faits par les hommes ou les animaux, aux champs , fruits et récoltes (lorsque le fait n'est pas une contravention de police); des réparations locatives des maisons et fermes; des indemnités prétendues par les fermiers ou locataires pour non-jouissance, lorsque le droit de l'indemnité n'est pas contesté ; des dégradations alléguées par le propriétaire ; du paiement des salaires des gens de travail ; des gages des domestiques et de l'exécution des engagements respectifs des maîtres et de leurs domestiques ou gens de travail (1).

La cupidité , l'amour propre et d'autres passions ont quelquefois étendu, mais plus souvent resserré le texte de ces attributions : il n'est point de mon sujet de rappeler ici toutes ces chicanes; je crois cependant utile d'examiner quatre questions principales.

1º Le paiement des *ouvriers* doit-il s'entendre des manœuvres seulement ? Je réponds, avec le texte de la loi, qu'il s'agit généralement des salaires des *gens de travail*. C'est ainsi que répondit le comité de législation de l'assemblée constituante aux doutes qui lui furent proposés. *V*. Guichard. Or, tout ce qui travaille manuellement , soit manœuvre , soit artisan , est pour son salaire justiciable, sans limitation , du juge de paix. Je n'entends cependant point placer dans ce cercle les artistes proprement dits et les savants , quoiqu'ils

(1) Articles 9 et 10, tit. III , de la loi des 16 et 24 août 1790.

n'aient à exercer pour leurs honoraires que des actions personnelles et mobilières. Mais s'agissant d'un travail d'esprit plutôt que manuel, on ne peut les classer avec des gens de métier; ils doivent donc être jugés suivant la compétence limitée, c'est-à-dire sans appel, jusqu'à 5o francs, et à charge d'appel, jusqu'à 100 francs; au-delà de cette somme, ils sont justiciables des tribunaux de première instance.

2° Le paiement d'un mémoire d'ouvrier, composé de salaires et de fournitures, doit-il être demandé devant les juges de paix, lorsqu'il excède 100 fr. ? Il faut distinguer ici deux chefs séparés. Les fournitures sont meubles, et partant produisent des actions mobilières. Les salaires sont des choses personnelles, et ne donnent lieu qu'à des actions de même nature. Les premières doivent être jugées d'après la compétence limitée des juges de paix, et les salaires doivent l'être jusqu'à une somme indéterminée. Cette distinction est dans l'esprit comme dans le texte de la loi même. Ainsi il faut écarter la cumulation des fournitures et du salaire, pour ne pas enlever aux juges de paix leurs attributions illimitées. Cependant, *V.* SALAIRES.

3° L'exécution des engagements *écrits*, notariés ou non, entre les maîtres, domestiques, apprentis, ouvriers, est-elle de la compétence des juges de paix? Cette question n'a sans doute été qu'affectée. La loi est conçue dans des termes généraux; elle ne fait aucune exception. Il est une règle élémentaire, naturelle à toute législation, que là où la loi n'excepte rien, il n'y a jamais d'exception (1); ainsi tous engagements, quels qu'ils soient, entre les maîtres, domestiques, etc., sont soumis pour leur exécution aux tribunaux de paix.

Pourrait-on d'ailleurs douter que le paiement d'un billet, l'exécution d'une promesse ou d'une reconnaissance écrite, ne dussent être poursuivis devant les juges de paix, quand la valeur n'excède pas 100 francs ? De pareils engagements ne donnent lieu qu'à des actions personnelles ou mobilières, comme ceux entre les maîtres et les ouvriers ; les uns et les autres doivent donc, étant de même nature, être jugés par les mêmes règles. *Ubi eadem ratio, ibi et idem jus.* Je ne connais aucune décision qui ait contrarié ces principes.

4° Lorsqu'il y a contestation sur l'indemnité réclamée par le fermier ou locataire, le juge de paix cesse-t-il d'être compétent ? Il faut distinguer. Si le fond du droit de cette indemnité est contesté, c'est-à-dire le titre ou le bail qui y donne lieu, ou même la qualité des parties, le juge de paix n'en peut connaître, dès que l'indemnité excède 100 francs. C'est ici une action mobilière. Mais si le litige ne s'engage que sur la valeur de l'indemnité, sur ses circonstances, ou sur sa forme, le juge de paix est compétent à quelque valeur que l'indemnité puisse s'élever, sauf l'appel. C'est ce qui a été jugé affirmativement plusieurs fois, *in terminis,* et tel est l'esprit de la loi du 24 août 1790.

(1) *Ubi lex non distinguit, ibi nec nos distinguere debemus.*

ACTIONS POSSESSOIRES. Il y en a de plusieurs sortes, dont la connaissance appartient aux juges de paix. Elles naissent toutes de la possession qui s'acquiert par la jouissance d'une chose réelle et immobilière pendant une année et un jour; jouissance qui doit avoir été *non vi, non clam, non precario.*

Si celui qui a possédé ainsi est troublé dans sa jouissance, il peut demander d'y être maintenu, avec la réparation du trouble, qui se convertit le plus souvent en dommages et intérêts.

Cette action s'appelait autrefois complainte et réintégrande; elle pouvait même être exercée par la voie criminelle; aujourd'hui elle ne peut l'être que civilement. La loi du 24 août 1790 contient, à l'égard des actions possessoires, une lacune qui a été réparée par le titre IV du code de procédure; il offre les principales règles établies dans ces matières, par cinq articles dont nous allons donner les textes, et auxquels nous ajouterons des dévelopements naturels.

Art. 23. « Les actions possessoires ne seront recevables qu'autant qu'elles auront été formées dans l'année du trouble par ceux qui, depuis une année au moins, étaient en possession paisible, par eux ou les leurs, à titre non précaire. »

Telles étaient les dispositions des articles 1er du titre 18 de l'ordonnance de 1667, et 61 de celle de 1539.

On peut être troublé directement ou indirectement, de fait ou de droit, dans sa possession.

Le trouble de fait a lieu lorsqu'on empêche quelqu'un par voie de fait de continuer sa jouissance.
Le trouble de droit s'opère par une opposition ou
une demande judiciaire tendante à arrêter la possession annale. Le trouble direct est celui qui
touche positivement la chose possédée; le trouble
indirect est celui qui attaque soit les dépendances,
soit les effets de l'objet possédé. On peut donc se
complaindre pour ces divers troubles, mais on doit
rigoureusement le faire dans l'année de la tenta-
tive ou de l'interruption : autrement, il y a prescription irrémissible. Cette prescription court
contre toutes sortes de personnes, majeurs ,
mineurs, absents , interdits, malgré la règle :
contrà non valentem agere, non currit præscriptio.

Art. 24. « Si la possession ou le trouble sont
déniés, l'enquête qui sera ordonnée ne pourra
porter sur le fond du droit. »

Texte conforme à l'article 3 du titre 18 de l'ordonnance de 1667. Cette enquête se fait dans les
formes ordinaires ; mais les témoins ne sont jamais entendus, soit sur le fond du droit de l'une
ou de l'autre partie, soit sur la teneur de leurs
titres.

Ils ne peuvent déposer que sur le fait du trouble,
ou sur la possession annale. Toute déclaration
différente doit même leur être interdite.

Art. 25. « Le possessoire et le pétitoire ne seront jamais cumulés. » — Cela était jadis si sévèrement ordonné, que la loi défendait aux juges
d'avoir égard aux lettres du prince qui pouraient
être expédiées pour cumuler le possessoire avec

le pétitoire (1). Cette confusion est moins à redouter depuis l'institution des juges de paix ,
puisqu'ils sont juges spéciaux du possessoire , et
que d'autres magistrats connaissent exclusivement
du pétitoire.

Apprécier le titre du complaignant , pour savoir si la possession est précaire ou de tolérance ,
ou pour d'autres motifs , ce n'est point , de la part
du juge de paix , cumuler le possessoire avec le
pétitoire. C'est ce qui a été ainsi jugé par cinq
arrêts de la cour de cassation des 6 et 12 fructidor an 10 , 24 juillet 1810 , 23 avril 1811 , et
6 juillet 1812.

Il a même été jugé par l'un de ces arrêts , que
le cumul du pétitoire avec le possessoire ne vicie
les jugements de la justice de paix , qu'autant que
ce cumul a lieu dans le *dispositif* du jugement ;
peu importe que dans ses motifs le juge ait em-
brassé le pétitoire , si , au fond , il n'a statué que
sur la possession. (*Code de procédure* annoté.)

La partie qui gagne sa cause au possessoire ,
n'acquiert point la propriété de l'objet contentieux , mais seulement la maintenue de sa possession annale , que la loi veut faire respecter pour
l'ordre public , même contre le vrai propriétaire ,
qui , alors , doit se reprocher d'avoir négligé son
droit pendant an et jour. Mais, après avoir exécuté
les condamnations possessoires , ce dernier peut
agir pour faire décider la question de la propriété :

(1) Ordonnances de Charles vii , de 1453 , art. 8 ; de
Blois en 1507 , et celle de 1535.

c'est ce qu'on appelle action pétitoire. Elle demande le désistement de la possession de l'objet litigieux, avec la restitution des fruits depuis l'indue jouissance, et les dommages-intérêts. Alors il suffit au demandeur de justifier de sa propriété pour y être rétabli ; autrement, *actore non probante reus absolvitur, et manet in loco suo possessio.*

Art. 26. « Le demandeur au pétitoire ne sera plus recevable à agir au possessoire. » — La raison en est simple ; c'est qu'il est présumé avoir renoncé au possessoire, soit parce qu'il n'avait pas la possession annale, soit parce que cette possession n'avait pas les qualités prescrites. D'ailleurs, ayant abandonné la première voie pour se faire réintégrer, il ne peut y revenir dès qu'il a eu recours à une action qui naturellement exclut l'autre.

Art. 27. « Le défendeur au possessoire ne pourra jamais se pourvoir au pétitoire qu'après que l'instance sur le possessoire aura été terminée ; il ne pourra, s'il a succombé, se pourvoir qu'après qu'il aura satisfait aux condamnations prononcées contre lui. — Si, néanmoins, la partie qui les a obtenues était en retard de les faire liquider, le juge du pétitoire pourra fixer, pour cette liquidation, un délai, après lequel l'action au pétitoire sera reçue. »

On reconnaît dans ces dispositions l'esprit et la lettre des anciennes ordonnances, notamment celle d'Henri III, de 1585, et celle de 1667, article 4, titre 18. On y reconnaît aussi la jurisprudence des cours souveraines. Le parlement de Paris avait, en effet, décidé que le bénéfice de cession serait refusé à celui qui avait succombé au possessoire, jusqu'à ce qu'il eût exécuté les condamnations principales et accessoires portées contre lui.

Après avoir accordé au possesseur maintenu tout ce qui etait juste et raisonnable, il était bien naturel de mettre sa partie adverse dans le cas de réclamer la propriété si elle y était fondée ; c'est pourquoi l'ordonnance de 1667 avait prescrit, qu'à défaut de liquidation des condamnations possessoires, le demandeur au pétitoire pourrait également former son action, en donnant caution de payer après liquidation. Le nouveau code a mieux fait : il ordonne seulement qu'il sera fixé un délai pour faire la liquidation, après lequel l'action pétitoire est reçue sans caution ; ce qui est plus simple et juste envers les deux parties.

Les juges de paix prononcent en première instance sur les actions possessoires à quelques sommes ou valeurs qu'elles puissent s'élever ; mais ils ne jugent en dernier ressort que celles dont les dommages intérêts et les réparations du trouble sont fixés par les conclusions de la partie demanderesse à 50 francs ou au-dessous ; n'importe de quelle valeur soit le fonds dont la possession est réclamée, parce qu'il ne s'agit pas de juger de cette valeur dans l'action possessoire, mais seulement de prononcer sur le trouble ou la voie de fait. Tel est l'esprit de la loi du 24 août 1790, heureusement développé par un grand nombre d'arrêts ; nous n'en citerons que les plus remarquables : ce sont ceux des 20 thermidor an 12 , 23 fructidor , même année ; 20 ventose an 13 , 19 thermidor même année , et 28 octobre 1808 , tous rendus par la cour suprême. *V.*Denevers, an 1808, page 523 , et le *Code de procédure* annoté.

Il a même été jugé par cette cour, que , lorsque le demandeur a conclu à des dommages-intérêts illimités , le jugement sur le possessoire est en dernier ressort, si dans le cours de l'instance, les dommages sont établis ou fixés à 50 fr. (*Arrêt du* 1er *juillet* 1812.)

Cependant, si, avec la maintenue en possession et l'indemnité , on demande encore la démolition d'un nouvel œuvre , le jugement n'est pas en dernier ressort, quoique l'on n'ait fixé les dommages intérêts qu'à 50 francs , parce que le nouvel œuvre a une valeur certaine , qui ajoute à celle des conclusions. (*Arrêt de la cour de cassation des* 4 *mai* 1808 *et* 2 *avril* 1811.)

L'action possessoire n'est point admissible pour une servitude qui ne peut s'acquérir que par titres. Jugé affirmativement par la même cour de cassation , le 21 octobre 1807 , c'est-à-dire, après la publication du code civil. Mais une haie mitoyenne, un terrain commun, pouvant se prescrire par possession suffisante , donnent lieu à la complainte. Ainsi jugé par ladite cour, par deux arrêts des 8 vendémiaire an 14 , et 1er avril 1806.

Cependant je crois qu'il faut distinguer, à l'égard d'un terrain communal : s'il appartient à une commune entière, ou s'il s'agit seulement de son intérêt, la contestation doit être décidée par les conseils de préfecture; mais si le litige est entre co-partageants du terrain, le fait est jugé par les tribunaux, et dès-lors l'action possessoire a lieu. Cette distinction a même été établie par un avis du conseil d'état, du 18 juin 1809.

Pour connaître les principaux objets des actions possessoires, *V*. Déplacemens de bornes, Arbres, Cours d'eau, Usurpations de terre, Haies, Fossés, Possession annale, etc.

Adoption. Elle était chez les Romains un acte légitime (1), que l'ancienne législation avait écarté, mais que le code civil a fait revivre en partie. — Toute personne âgée de plus de 50 ans, qui n'a ni enfants ni descendants directs, peut adopter.

L'adoptant doit avoir quinze ans au moins de plus que l'adopté; et s'il est époux, il ne peut faire l'adoption sans le consentement de son conjoint, si ce n'est dans le cas où un tuteur officieux, après cinq ans révolus depuis la tutelle, confère à son pupille l'adoption par acte testamentaire. *V*. Tutelle officieuse.

La faculté d'adopter ne peut être exercée qu'envers l'individu à qui l'on a dans sa minorité, et pendant six ans, fourni des secours et des soins non interrompus, ou envers celui qui, dans un danger, a sauvé la vie à l'adoptant; auquel cas il suffit que ce dernier soit majeur, plus âgé que l'adopté

______

(1) *Adoptio peculiare jus est Romanorum.* Dumoulin, *in Cons. Par. antiq.*, s. 2, gl. 2, n° 10.

et sans enfants. Mais le père ne peut-il pas adopter son enfant naturel déjà reconnu ? Cette question a été fort controversée. On remarque, dans les annotations du code civil, huit arrêts qui l'ont jugé affirmativement, et trois autres qui l'ont jugé négativement. Ces derniers ont été rendus par la cour de Paris, le 15 germinal an 12, et par celle de Nîmes, les 18 floréal et 3 prairial, même année. Ceux qui ont décidé affirmativement la question, ont été portés par celle de Grenoble, les 28 mars, 19 décembre 1808 et 27 mars 1809 ; par celle de Paris, le 9 novembre 1807 ; par celle de Rouen, le 12 mai 1808, et celle de Caen, le 18 février 1811.

On voit que les décisions affirmatives sont postérieures aux négatives, et que même la cour de Paris a cessé de juger négativement. Il paraît donc que l'on peut adopter un enfant naturel reconnu.

En aucun cas, l'adoption ne peut avoir lieu avant la majorité de l'adopté. S'il a ses père et mère, ou l'un d'eux, il est tenu de rapporter leur consentement à l'adoption, s'il n'a pas atteint sa 25ᵉ année.

Voilà quelques principes consacrés par le code pour régulariser les adoptions. Je me borne à retracer ceux qui se rapportent à celles des formes de l'adoption confiées aux juges de paix. La personne qui veut adopter, et celle qui doit l'être, se présentent devant le juge de paix du domicile de l'adoptant, pour y passer acte de leurs consentemens respectifs. (*Art.* 353 *du Code.*) Cet acte exprime l'âge de l'adoptant et celui de l'adopté, sur le vu de leurs actes de naissance. Il doit aussi exprimer les conditions et les approbations exigées par la loi.

On présente une expédition de cet acte, dans les dix jours de sa date, à l'homologation du tribunal de première instance du domicile de l'adoptant; mais il faut l'accompagner, 1° d'un certificat de bonnes vie et mœurs de l'adoptant; 2° d'un acte de notoriété délivré par le juge de paix, sur l'attestation de sept témoins, constatant que l'adopté a reçu dans sa minorité, pendant six années, des secours non interrompus de l'adoptant, ou qu'il lui a sauvé la vie.

On a même exigé le consentement du conseil de famille pour un adopté dont les père et mère n'existaient plus, et qui n'avait pas atteint sa 25ᵉ année. Je crois cette mesure surabondante; du moins la loi ne l'a pas prescrite.

Affiches. *V*. Impression.

Affirmations. *V*. Serment.

Amendes. C'est une peine pécuniaire, infligée pour la punition d'un délit ou d'une contravention.

Les juges de paix prononcent des amendes 1° contre ceux qui manquent de respect à la justice pendant la tenue de leurs audiences, *V*. Audiences; 2° contre les auteurs et complices des contraventions classées dans les articles 471, 475 et 479 du code pénal; 3° contre les délinquants pour délits non prévus par le code pénal, mais qui sont réglés par les dispositions des lois antérieures ou particulières; 4° contre les témoins qui refusent d'obéir à la justice; 5° contre les contrevenants pour délits relatifs aux douanes, impôts indirects, octrois, etc.; 6° contre les contrefacteurs d'inventions et d'ouvrages d'arts.

Je traiterai des particularités propres à ces diverses amendes par des articles séparés, sur les faits qui y donnent lieu; mais je ne tracerai ici que des règles générales sur l'application et les effets des amendes.

Toute amende emporte la contrainte par corps (*art.* 467 *du Code pénal*); cela est conforme à la loi du 19 *juillet* 1791. En cas d'insolvabilité, la détention du condamné à l'amende devait jadis durer un mois (*loi du 6 octobre* 1791 , *titre* 2 , *art.* 5); mais elle ne peut durer maintenant que quinze jours.

Chaque amende pour des contraventions de police varie du *minimum* au *maximum.* Le juge est libre d'appliquer l'une ou l'autre, suivant les circonstances plus ou moins graves. Cependant il ne doit jamais oublier que la répression sévère des petits délits en prévient souvent de plus grands , et même des crimes. C'est donc à-la-fois servir l'humanité et exécuter la loi , que de repousser ici une indulgence indiscrète. *Non est indulgendum malitiis hominum.*

Mais dans tous les cas où l'amende de police n'est pas graduée par la loi , le juge ne peut la modérer , ni encore moins la remettre sous aucun prétexte , à peine de répondre de la valeur , et même de prise à partie (1); c'est ce qui a été jugé affirmativement par arrêt de la cour suprême du 27 février 1806. Le législateur a même étendu jusqu'aux matières civiles la défense de modérer ou commuer les amendes. *V. l'article* 1029 *du Code de procédure civile.*

Dans toutes les matières où la loi prononce des amendes, les juges de paix ne peuvent en connaître par voie de conciliation sans un abus de pouvoir grave : ils priveraient par là le trésor public d'une partie de ses ressources, et ils s'érigeraient en souverains, en faisant grâce des peines toujours dues aux délits (2).

Les juges de paix, ni même le ministère public, n'ont point à s'occuper du recouvrement des amendes; mais, dans les dix jours de la prononciation du jugement, le greffier en remet un extrait au receveur de l'enregistrement qui poursuit par voie de contrainte la rentrée des amendes. — Elles se paient solidairement entre les complices, lorsque le *maximum* est prononcé. C'est ce qui a été jugé affirmativement par la cour de cassation, le 11 novembre 1807; et telle était l'ancienne jurisprudence.

Les amendes ne portent point intérêt : c'est une règle sans exception, que nous avons puisée dans le droit romain. *Ejus summæ quam tibi penæ nomine inflictam probaturus es, usuræ non exigentur.* L. 1. au *Cod. de fisc. usur.*

(1) *V.* l'arrêté du Directoire exécutif, du 27 nivose an 5.

(2) Décision du grand-juge, du 17 floréal an 9.

L'action en condamnation d'amende est éteinte par la mort du coupable ; ses héritiers ne peuvent être poursuivis que pour les intérêts civils devant les juges ordinaires, parce que les délits étant personnels, les punitions ne peuvent être autrement. Ainsi décidé, par arrêt de la cour suprême du 28 messidor an 8. (Sirey, vol. ant. p. 309.)

Animaux malfaisans (1). L'art. 605 du code de brumaire an 4 punissait d'une amende d'une à trois journées de travail, ou d'un emprisonnement d'un à trois jours, ceux qui laissaient divaguer des insensés ou furieux, ou des animaux malfaisans ou féroces. Le 7e paragraphe de l'art. 475 du nouveau code pénal répète et confirme ces dispositions ; mais il détermine la peine d'une manière moins variable : au lieu de journées de travail dont la valeur diffère suivant les lieux et les personnes, la loi nouvelle prononce une amende de six à dix francs, que les juges de paix appliquent en police suivant la gravité des circonstances. C'est toujours en première instance qu'ils prononcent sur ces faits, puisque le *minimum* même de la peine excède cinq francs, somme jusqu'à laquelle les tribunaux de police jugent en dernier ressort.

Le propriétaire des animaux malfaisans (quoique domestiques), qui ne prend pas des précautions pour prévenir le mal qu'ils peuvent causer, est tenu de réparer celui qu'ils ont occasioné (*Arrêt de la Cour de Paris, du 24 mai 1810.*)

____

(1) *Bestiæ feræ, mansuetæ, mansuefactæ.*

Annulation de procédure. Le juge de paix annulle la procédure faite devant lui en tribunal de police, lorsque le fait porté par la plainte ne présente ni délit, ni contravention. (*Art.* 159 *du Code d'instr. crim.*)

C'est ici une disposition absolument nouvelle. Mais s'il est naturel qu'un fait civil ne soit pas porté devant la justice de police, qui est une émanation de la justice criminelle, il l'est aussi qu'un juge incompétent sur le fond ne puisse prononcer sur la validité de la procédure; et avant cet article, on sauvait en pareil cas aux parties à se pourvoir devant juges compétents. On ne peut le faire aujourd'hui : il n'y a pas à balancer ; la loi parle et la procédure doit être annulée toutes les fois qu'elle ne présente ni délit, ni contravention.

La seconde partie de cet article 159 que nous analysons, présente quelques doutes dans son exécution. En voici les termes : « *Et statuera* (le juge) *par le même jugement sur les demandes en dommages-intérêts.* » Quels sont ces dommages ? sont-ce ceux réclamés par la partie plaignante et par sa plainte ? mais cette plainte doit être annulée ; alors il n'en peut rester aucun point valable ; toutes ses parties sont frappées d'impuissance par la nullité. *Quod nullum est, nullum producit effectum.* Il n'est pas possible de croire que le législateur ait entendu tout-à-la-fois ordonner la proscription d'une action et sa validité dans la partie qui tend à une indemnité. Il est plus naturel de penser que les dommages-intérêts dont le tribunal de police fait justice, en annulant l'action principale, sont ceux que le prévenu, illégalement appelé, peut demander contre le plaignant qui a présenté mal-à-propos, comme contravention, un fait civil, ou non défendu.

Il en est si bien ainsi, que le juge de police ne prononce jamais sur des actions civiles; et il le ferait cependant s'il statuait sur les dommages qui ne sont ni délits, ni contraventions, tandis que ces mêmes dommages sont positivement attribués aux juges de paix, comme juges civils, par la loi du 24 août 1790 et par l'art. 2 du code de procédure civile.

ANTICIPATIONS. *V.* USURPATIONS DE TERRRES.

APPELANTS. Toutes parties qui sucombent, et le ministère public qui est débouté de ses conclusions par un jugement en première instance, peuvent appeler de la décision qu'il contient, en se conformant aux règles prescrites, et qui vont faire le sujet de l'article suivant.

APPEL. C'est l'acte par lequel on se pourvoit contre une ordonnance, ou un jugement qui n'est pas en dernier ressort, pour raison des torts et griefs que l'on prétend en éprouver.

L'appel d'un jugement de justice de paix doit contenir citation devant les juges de première instance, à peine de nullité : ainsi jugé par arrêt de la cour de cassation, du 6 septembre 1814; c'est d'ailleurs le texte positif de l'art. 456 du code de procédure.

Les jugements civils des juges de paix ne sont pas susceptibles d'appel, en matières pures personnelles, mobilières et possessoires, jusqu'à la

somme de cinquante francs. Il en est ainsi pour
les dommages faits aux champs, fruits et récoltes,
et autres faits compris dans l'art. 10 du titre 3 de
la loi du 16 août 1790; il en est encore de même
de plusieurs attributions nouvelles dont on trai-
tera dans cet ouvrage.

On peut cependant faire appel de ces jugements, quoique qualifiés en dernier ressort,
lorsqu'il y a une incompétence réelle, ou lorsque le juge ne pouvait prononcer qu'en première instance (1). Cette faculté n'était pas si
étendue dans la première législation des justices
de paix; il était absolument interdit d'appeler de
tous jugements rendus en dernier ressort dans ces
tribunaux. Si cela était trop sévère, parce qu'il
fallait recourir à la voie de cassation, la disposition nouvelle, j'ose le dire, entraîne bien des
abus; rien n'est plus commun que de voir appeler
des jugements en dernier ressort, sous prétexte
d'une prétendue incompétence, que la fécondité
des plaideurs peut trouver par-tout. Cependant il
est rare, très-rare même, que l'incompétence soit
prononcée; mais il n'en résulte pas moins des
frais toujours considérables, des lenteurs dégoû-
tantes, et des pertes pour l'une des parties, souvent pour les deux.

(1) *V*. les art. 453 et 454 du *Code de procédure civile*.
Il y a deux arrêts qui l'ont jugé affirmativement; l'un
est rendu par la cour de cassation, le 13 ventose an 10,
conformément à la règle consacrée par l'art. 454; et
l'autre, par la cour de Bruxelles, le 27 juin 1807, suivant le principe de l'art. 453.

Mais on ne peut appeler d'un jugement préparatoire, qu'après le jugement définitif et conjoin-
tement avec l'appel de celui-ci, tandis que l'appel d'un jugement interlocutoire peut s'interjeter
séparément. On peut faire cet appel lors même
qu'on aurait acquiescé ou exécuté le jugement
interlocutoire : c'est ce que la cour de Colmar
a jugé le 6 avril 1811, celle de Trèves, le
1er août 1810, et celle de cassation, le 10 avril
précédent.

« Sont réputés jugements préparatoires, ceux
rendus pour l'instruction de la cause, et qui
tendent à mettre le procès en état de recevoir
les jugements définitifs. » — « Sont réputés interlocutoires les jugements rendus lorsque le tribunal ordonne, *avant dire droit*, une preuve,
une vérification, ou une instruction qui pré-
juge le fond. » (*Art.* 452, *du Code de procédure
civile.*)

Cette distinction a mis un heureux terme à ces
contestations nombreuses, qui, d'après le droit
romain, et d'après nos lois anciennes et modernes (1), avaient eu lieu pour faire décider
quels jugements étaient plutôt préparatoires,
et pour savoir quels étaient ceux dont il pouvait résulter quelque tort en définitif ; car le
droit romain n'autorisait que dans ce dernier
cas l'appel de l'interlocutoire.

On ne peut aussi interjeter appel d'un jugement
par défaut, pendant la durée du délai, pour for-

______

(1) *V.* notamment celle du 3 brumaire an 2.

mer opposition : tel est le texte de l'art. 455 du code de procédure civile. Mais avant cette disposition, on ne pouvait même, dans aucun temps, faire appel d'un jugement par défaut, rendu par un juge de paix ; ce principe était consacré et par la loi et par la jurisprudence d'alors (1).

Au reste, un plaideur n'a pas la faculté de choisir entre l'opposition et l'appel, pour attaquer un jugement par défaut, aussitôt qu'il est levé et signifié. L'opposition est le premier moyen désigné par la loi, et le seul qui doit d'abord être employé.

Ce n'est donc qu'après l'expiration du délai de l'opposition, que l'appel est recevable : ainsi jugé par arrêt de la cour de cassation, du 8 août 1815. Ce délai est de trois jours après la signification du jugement, à moins que le juge n'ait accordé une prorogation de délai pour former opposition, dans les cas prescrits par la loi. (*V.* Opposition.) Quant au délai pour faire appel, il est de trois mois, à compter aussi de la signification du jugement.

Ces principes sont communs aux jugements civils des juges de paix et à ceux qu'ils rendent en matière de police ; mais la faculté d'appeler de ces derniers est bien plus étendue. D'abord, on peut appeler de tous jugements qui prononcent la peine de prison ; ensuite on appelle généralement de tous ceux dont les condamnations d'amendes et

______

(1) Art. 4 du titre III de la loi d'octobre 1790. Arrêt de la cour suprême, du 13 thermidor an 11.

d'indemnités réunies excèdent cinq francs, non compris les dépens.

Sous l'empire du code de brumaire an 4, les jugements de police, sans exception, ne pouvaient être attaqués par la voie de l'appel; ce qui avec raison a paru trop rigoureux pour les prévenus ; l'art. 172 du code d'instruction criminelle a établi un ordre contraire.

Peut-on faire appel d'un jugement de police qui déboute un demandeur de sa plainte, en relaxant le prévenu? Je l'avais décidé affirmativement par mon commentaire sur la simple police, publié en 1810, parce que les nouveaux codes ayant dérogé à la règle, auparavant fondamentale, que les jugements de police étaient toujours en dernier ressort, il me semblait juste que dans les cas où il y avait maintenant lieu à l'appel, l'une et l'autre partie eussent le droit d'en user, et je disais : *Ubi eadem ratio, ibi et idem jus*. Mais la cour de cassation l'a jugé depuis négativement, par deux arrêts rendus les 10 avril et 5 septembre 1812, dans lesquels on remarque ces motifs : «Attendu que les jugements de police, contre lesquels la voie de l'appel est ouverte aujourd'hui, sont ceux qui prononcent, ou un emprisonnement, ou des réparations et restitutions excédant cinq francs, outre les dépens ; que dans l'espèce, le prévenu, loin d'être condamné à ces peines, a été déclaré non coupable et renvoyé de la demande ; qu'ainsi ce jugement était inattaquable par autre voie que celle de cassation. »

Voici, pour terminer cet article, quelques dé-

cisions souveraines , relatives aux appels des jugements des justices de paix.

On ne peut appeler de ces jugements , quoique
qualifiés en première instance , lorsque d'ailleurs
ils sont rendus dans une matière qui est en dernier ressort. (*Arrêt de la Cour de cassation du
1er juillet* 1812.) *V.* Sirey , *tom.* 12, *partie* Ire,
page 351.

En matière d'actions possessoires , il y a lieu
de juger en dernier ressort , encore que les dommages et intérêts ne fussent pas originairement déterminés, si, dans le cours de l'instance , ils ont été
fixés à cinquante francs. (*Même arrêt du* 1er *juillet; autre arrêt du* 13 *novembre* 1811). Denevers,
tom. 10, partie Ire.

Quoique le demandeur au possessoire, ait conclu
à des dommages ou indemnités non excédant cinquante francs, il n'y a pas lieu de juger en dernier ressort, si d'ailleurs il y a des conclusions
tendantes à un rétablissement, ou à une démolition.(*Arrêt du* 22 *avril* 1811, *Cour de cassation.*)
Denevers, tome 10 , partie Ire, page 138.

Tout jugement définitif rendu sur la compétence , est soumis à l'appel , même les jugements
rendus par la justice de paix , encore que la matière du procès soit dans les termes du dernier
ressort. (*Arrêt du* 22 *avril* 1811 , *Cour de cassation.*) Denevers, tome 9, partie Ire, page 200.

Lorsqu'un tribunal est saisi pour cause d'incompétence de l'appel d'un jugement rendu en
premier et en dernier ressort, ce tribunal ne peut
examiner que la question de savoir si les premiers

juges étaient, on non compétents ; il ne peut pas annuler pour irrégularité autre chose que l'incompétence ; il ne peut même statuer sur le fond, qui doit être renvoyé aux premiers juges. (Arrêt du 22 juin 1812, cassation.) Denevers, tom. 10, partie Ire, page 450.

ARATOIRES. *V.* INSTRUMENTS ARATOIRES.

ARBITRAGE. « L'arbitrage étant le moyen le plus raisonnable de terminer les contestations entre les citoyens, les législatures ne pourront faire aucunes dispositions qui tendraient à diminuer soit la faveur, soit l'efficacité des compromis. » (*Article premier de la loi des 16 et 24 août* 1790.)

« Toutes personnes ayant le libre exercice de leurs droits et de leurs actions, pourront nommer un ou plusieurs arbitres, pour prononcer sur leurs intérêts privés, *dans tous les cas et en toutes matières, sans exceptions.* » (*Art.* 2, *même loi.*)

Cependant la législation nouvelle a introduit beaucoup d'exceptions dans les causes qui peuvent être arbitrées. L'article 1003 du *Code de procédure* porte que :

« Toutes personnes peuvent compromettre sur des droits dont elles ont la libre disposition ; » texte pris dans le droit écrit. *Illi possunt compromittere qui possunt efficaciter obligari.* (Pandect. Justinian.)

« On ne peut compromettre sur les dons et legs d'aliments, logements et vêtements ; sur les séparations d'entre mari et femme, divorces, questions d'état, ni sur aucunes contestations qui seraient

sujettes à communication au ministère public. »
(*Article* 1004, *même Code.*) Ces exceptions me
paraissent puisées dans le droit romain. *L.* 8, *in
principio* § *de transact.: leg.* 32, § *Cod.*

Les derniers textes que je viens de rapporter
constituent maintenant les bases du système arbitral. Les formes, les procédures qui s'ensuivent,
les délais qui s'y observent, les nullités qui peuvent
s'y commettre, les jugements et leur exécution;
tout cela n'est point de la compétence des juges
de paix, ni directement, ni indirectement; aucune
loi ne leur a fait de telles attributions; aucune
ne les a établis arbitres de droit, ou arbitres
forcés., mais seulement conciliateurs dans les
causes qui ne leur sont pas attribuées; mais seulement encore, juges des matières qui leur sont
nommément conférées. Je ne dois donc pas traiter
ici de la procédure arbitrale; je me borne à dire,
que tout juge de paix, non à cause de sa dignité,
mais comme simple citoyen, peut-être nommé
arbitre, ou tiers-arbitre, dans les causes qui ne
sont pas de sa compétence : je ne vois, à cet égard,
aucun empêchement ni incompatibilité dans nos
lois; car l'article 87 du code de procédure, qui
interdit aux juges de plaider ou de consulter pour
les parties, n'est relatif qu'aux juges de première
instance dans les cas de litige ordinaire; mais il
est étranger et aux juges de paix et à l'arbitrage.

Cependant je crois devoir entrer dans certains
détails sur cette matière, d'après la doctrine que
professe l'auteur du Manuel des juges de paix,
doctrine qui me paraît singulièrement erronnée.

Cet auteur prétend que , parce que l'article 7 du code de procédure permet aux parties de comparaître volontairement devant un juge de paix (quoiqu'il ne soit pas leur juge naturel), pour lui demander jugement sur leur différend ; il prétend , dis-je , « que tout ce qui se fait sur cette comparution volontaire est un véritable arbitrage (1); que la loi dit que tout juge de paix peut juger *toutes espèces* de différends, si la loi et les parties l'y autorisent » (2); et cependant il leur applique les règles de l'arbitrage, qui n'a lieu que pour une petite partie des différends civils;« qu'enfin le juge de paix autorisé à prononcer en dernier ressort, peut le faire, sans observer aucunes formalités; mais qu'il doit observer celles prescrites pour les arbitrages, quand il ne juge qu'à charge d'appel (3). »

Mais la loi prononce-t-elle bien des dispenses, des transformations, des mélanges semblables ? Est-il un texte formel qui déclare nettement que le jugement rendu par le juge de paix , sur comparution volontaire, n'est qu'un simple arbitrage? Quelle disposition suspend, dans ce cas, l'exécution forcée accordée à tout jugement de juge de paix, par sa seule autorité, pour la soumettre à l'ordonnance d'*exequatur* d'un président de première instance? Quel autre texte dépouille le magistrat de paix de sa dignité, pour le transformer en simple citoyen , en arbitre privé , dès que les

(1) Page 6, quatrième *alinea.*
(2) Même page , dernier *alinea.*
(3) Pages 9, 10, 20.

parties ont le bon esprit de vouloir être jugées sans frais ? Existe-t-il une seule ligne dans nos codes, qui statue que la compétence judiciaire et forcée, accordée aux juges de paix dans toutes matières désignées, cessera d'être un droit inviolable par l'effet magique des comparutions volontaires ? Les parties pourraient donc, à leur gré, effacer le caractère sacré du magistrat ? Est-il encore des lois qui dispensent le juge en dernier ressort d'observer les formalités qu'elles ont prescrites pour les jugements ? Serait-ce donc une dérision de la loi d'établir des nullités dans les jugements en dernier ressort, pour omission de formes ? Enfin cette dérision s'étendrait-elle jusqu'à prescrire exclusivement un code de formes très-sommaires pour les seuls juges de paix, tandis qu'elle les astreindrait tous les jours, et à tous les instants, à observer les nombreuses formes des tribunaux de première instance, dès que les parties comparaîtraient volontairement pour demander jugement à charge d'appel ? Répondre affirmativement à toutes ces questions, ce serait, selon moi, entasser paradoxes sur paradoxes destructifs de l'ordre établi; cependant ces questions sont des conséquences naturelles du système arbitral de l'auteur que je réfute.

Mais si une série de questions droites et simples ne suffisait pas pour convaincre d'une erreur fâcheuse, je dirais : Il reste encore deux autres sortes de démonstrations : l'analyse de la loi, et la comparaison des principes de l'arbitrage, avec ceux de la comparution volontaire.

Première. L'art. 7 du code de procédure, imité du onzième (titre premier) de la loi d'octobre 1790, établit-il nettement un arbitrage forcé, dès qu'il y a comparution volontaire des parties? le fait-il même présumer ? ni l'un ni l'autre. Il porte que: « Les parties pourront toujours *se présenter volontairement* devant un juge de paix. » Voilà une comparution simple, verbale, libre, presque semblable à la comparution ordinaire; il n'y a d'autre différence que le défaut de citation ; mais où est l'idée de l'arbitrage, à moins que l'action de paraître devant un juge ne soit un compromis forcé? « Auquel cas, *dit la loi,* il jugera leur différend.» L'impératif *jugera* s'adresse-t-il à des arbitres, libres de juger ou de ne pas juger? A qui donc la loi ordonne-t-elle de *juger ?* au magistrat, non au simple citoyen, qui n'a ni le *devoir* ni le droit de juger ; et en prononçant cet impératif *jugera,* la loi exprime-t-elle *arbitrera?* Pourquoi lui faire dire le contraire de sa lettre et de son esprit? Enfin la loi ajoute : « Quoique le juge ne fût celui naturel des parties. » Est-ce encore à un arbitre privé que la loi s'adresse ? est-ce à un simple individu qu'elle défère une compétence vraiment extraordinaire, puisqu'elle interrompt l'ordre naturel des juridictions? Pourquoi donc le législateur, jusqu'au dernier mot, emploie-t-il celui de *juge ?* c'est assurément parce qu'il honore une magistrature particulière, d'un privilége unique dans son genre.

Deuxième. Mais comparons les principes de l'arbitrage avec ceux de la comparution volontaire.

Une simple déclaration d'un différend quelconque, portant demande de jugement en premier
ou dernier ressort, voilà tout ce qui convient à
la comparution volontaire; c'est ce qu'on peut
appeler des conclusions aussi simples que sommaires. Mais, pour parvenir à l'arbitrage, il faut
bien autre chose, un traité, un compromis, souvent
notarié, fixant des délais et des formalités ; stipu-
lant des autorisations, des exceptions; nommant
des arbitres, des tiers-arbitres ; établissant enfin
dix clauses particulières, suivant les conventions,
les faits et les circonstances. Est-il besoin de tout
cela pour le juge naturel, pour le juge du domicile, de la personne ou de la matière ? Serait-il
même décent d'autoriser le magistrat déjà revêtu
de l'autorité de la loi dans toutes les actions de
sa compétence ?

Après le compromis, les arbitres (s'il n'y a dispense formelle) instruisent une procédure conforme aux délais et aux longues formes des
tribunaux ordinaires. Après la comparution volontaire, le juge de paix ne connaît que ses formes
sommaires. Nulle part la loi ne dit qu'il suivra
celle des tribunaux de première instance. Si le
mandat des arbitres ne contient leurs noms, prénoms et domicile, il est nul. La déclaration
faite au juge de paix ne nomme que le magistrat.
Les arbitres voient cesser leur pouvoir dans trois
mois, s'il n'y a clause contraire. Aucun délai n'est
imposé aux juges de paix par l'article 7 du code
de procédure. Ces juges ne peuvent jamais prononcer comme amiables compositeurs ; la loi ne

leur en accorde pas le droit, et elle l'accorde aux arbitres, sur le consentement des parties. Tout jugement des juges de paix est exécutoire par sa seule force et par l'autorité de la loi, parce que ces magistrats sont dépositaires d'une partie de la puissance publique; les arbitres ne le sont pas, et la loi prononce que leur décision sera sans effet, si elle ne reçoit la sanction du magistrat : ce que la loi n'a jamais dit des juges de paix. Les minutes des arbitres sont déposées dans le greffe du tribunal de l'arrondissement, et toutes minutes des juges de paix sont déposées à leurs greffes particuliers. Enfin, l'arbitre peut refuser de l'être, sans motifs aucuns; et le juge ne peut, sans des causes graves, refuser de juger.

Des différences aussi fortes, des éléments aussi opposés, permettront-ils jamais de regarder un juge de paix comme arbitre forcé, ou la comparution volontaire comme un simple arbitrage ? et quand la chose serait aussi vraie qu'elle est fausse, il serait, je le répète, très-irrégulier, pour ne pas dire plus, de décider que les juges de paix prononçant en dernier ressort, seraient dispensés de toutes formalités ; autrement, il faudrait dire que toutes les cours de France qui jugent constamment en dernier ressort, seraient dans l'erreur en observant les formes prescrites.

ARBRES. Les usurpations d'arbres sont de la compétence des juges de paix. (*Loi du 24 août 1790, art. 9, titre 3.*) Elles ne donnent lieu ordinairement qu'aux actions possessoires exercées par ceux qui avaient la possession annale des

arbres, avant l'usurpation. Cependant, si la restitution était demandée en vertu d'un titre, le juge
de paix cesserait d'être compétent, parce qu'alors
il s'agirait de la propriété des arbres, et partant de
celle des terrains où ils sont plantés, ce qui serait
une action pétitoire.

On ne peut planter des arbres à haute tige qu'à la
distance de deux mètres de la ligne séparative de
la propriété du voisin ; autrement celui-ci peut demander par une action possessoire, la destruction
des arbres plantés trop près de son terrain, ou
même s'en emparer en payant la main-d'œuvre.
(*Articles* 555 *et* 671, *Code civil.*) Voyez ces articles.

Ces dispositions sont conformes à l'ancienne
jurisprudence, qui, elle-même, s'était modelée sur
le droit romain. *Si quis sepem ad alienum præ-
dium fixerit, infoderitque, terminum ne excedito...
Oleam aut ficum ab alieno ad novem pedes plan-
tato; cæteras arbores ad pedes quinque. Leg.* 13,
§ *finium regundorum.*

L'article 672 du même code s'exprime ainsi :
« Le voisin peut exiger que les arbres et haies
plantés à une moindre distance, soient arrachés. »

Cette rédaction, il en faut convenir, est bien
générale. S'applique-t-elle aux arbres plantés avant
l'existence du code, ou seulement à ceux qui sont
plantés depuis ? voilà une grande question que la
loi elle-même fait naître.

On peut dire qu'en permettant de faire arracher
des arbres plantés à moins de six pieds de la
propriété voisine, la loi a ouvert une action au

propriétaire lésé ; dès l'instant de sa publication ;
qu'il n'y a point d'effet rétroactif dans l'ouverture
d'une action , au temps de la loi ; que d'ailleurs,
suivant la législation ancienne , c'était une sorte
de servitude de souffrir trop près de la lisière de
son terrain , des arbres appartenant à autrui ;
que nulle servitude n'ayant lieu sans titre, même
par la possession la plus longue , on avait constamment, et dans tous les temps, le droit de faire
arracher les arbres qui n'étaient pas à la distance
voulue ; qu'ainsi on conserve encore ce même
droit, puisque le code qui le confirme, n'a établi
aucune distinction entre les arbres nouveaux ou
anciens; puisque encore la loi ne peut priver personne d'un droit acquis.

Ces raisons paraissent décisives à la première
réflexion ; mais je pense qu'elles doivent céder
devant des raisonnements plus forts encore.

Ce serait un véritable effet rétroactif donné à
la loi, que de l'appliquer aux arbres plantés avant
sa publication. Ces arbres sont inhérents au sol
qui les nourrit ; ils en sont une partie essentielle,
utile et agréable. La loi qui était applicable à l'un,
au moment de son existence , l'était aussi naturellement à l'autre. Une disposition nouvelle qui
ne frappe que sur ce qui tient au sol , ne dispose
que pour l'avenir , et même on peut dire qu'elle
n'atteint pas à la fois le sol et ses ornements , que
l'on doit toujours considérer comme un tout indivisible , quant à la législation et quant à la propriété. Ce serait donc un sophisme de dire, que
le nouveau code, ouvrant une action nouvelle au

moment de sa publication, n'établirait pas une rétroactivité à l'égard des arbres déjà existants , puisqu'il serait évident, au contraire, que la nature et les effets de cette action nouvelle changeraient un ordre établi, et porteraient atteinte à une propriété acquise suivant les lois anciennes.

En effet, le propriétaire des arbres plantés jadis trop près de la propriété voisine , possède et ces arbres et le sol sur lequel ils végètent en vertu d'un titre ou en vertu d'une possession existant long-temps avant le code, qui lui ont acquis la propriété des choses; il en a joui, usé, disposé en maître , librement, sans opposition : son droit est donc certain, irrévocable : y porter atteinte par l'effet d'une législation survenue depuis, c'est bien rétroagir contre le droit établi.

En vain on dirait que ce droit n'est qu'une servitude imprescriptible ; ce serait une véritable erreur. La servitude se distingue de la propriété par des caractères fortement prononcés : la propriété consiste à user et à abuser de la chose, et la servitude se borne à en jouir d'une manière fixe et invariable; le propriétaire coupe, retranche , ordonne ses arbres comme il lui plaît ; mais celui qui n'a qu'une servitude sur un sol, ne peut rien faire de semblable ; un simple usage borné, réglé, et que la loi défend d'aggraver , lui est tout simplement permis. Donc ce n'est pas une servitude, que la possession des arbres par le propriétaire du sol où ils sont plantés ; donc au contraire, cette possession caractérise la propriété et la donne incontestablement.

Arrestation d'un débiteur. L'article 781 du code de procédure ordonne, « que l'arrestation d'un débiteur ne pourra être faite, 1° avant le lever et après le coucher du soleil ; 2° les jours de fête légale ; 3° dans les édifices consacrés au culte et pendant les exercices religieux seulement ; 4° dans le lieu et pendant la tenue des séances des autorités constituées ; *5° dans une maison quelconque, même dans son domicile, à moins qu'il n'en eût été ainsi ordonné par le juge de paix du lieu*, lequel devra, dans ce cas, se transporter dans la maison, avec l'officier ministériel. »

Par cette disposition l'inviolabilité du domicile est assurée, parce que des officiers ministériels ne peuvent y entrer d'autorité, du moins en matière civile ; parce que le magistrat lui-même ne peut s'introduire dans la maison du débiteur qu'en observant les formes prescrites pour les perquisitions, c'est-à-dire qu'en rendant une ordonnance avant son transport.

Cette ordonnance se rend sur la simple requête du créancier ; elle est ensuite enregistrée et remise à l'officier ministériel ; mais il n'est pas nécessaire, avant son exécution, de la notifier au débiteur ; autrement, ce serait lui notifier de s'évader.

Le juge de paix ne dresse point de procès verbal de transport, ni d'arrestation, mais il signe celui de l'huissier porteur de pièces.

Arrestations de témoins. *V*. Procédures en matières de police.

Artifices (*pièces d'*). Où peuvent-elles être tirées ? Une ordonnance du 12 juin 1726 avait défendu de tirer des pièces d'artifices dans tout autre lieu que ceux qui seraient fixés par l'autorité. Une seconde ordonnance du 15 novembre 1791, étendit cette défense aux pétards, fusées, boîtes, etc. ; mais ni l'une ni l'autre n'ordonnaient la confiscation des pièces d'artifices ; cependant la jurisprudence l'admettait. Le code pénal l'a confirmée ; il prononce, en outre de la confiscation, une amende d'un à cinq francs, l'emprisonnement pendant trois jours facultativement. Mais en cas de récidive, cette peine est de rigueur

Les juges de paix prononcent sur tout cela en première instance, quand ils ordonnent un emprisonnement, ou quand l'amende réunie aux indemnités excède cinq francs ; autrement, leurs jugements sont en dernier ressort, *V. l'art.* 172 *du Code d'instruction criminelle.*

Artisans. Ils sont civilement responsables pour leurs apprentis, ouvriers, *V.* Personnes responsables, Salaires.

Attroupements. Les auteurs ou complices de bruits, ou tapages injurieux ou nocturnes, troublant la tranquillité publique, sont punis d'une amende de 11 à 15 francs par le code pénal ; ils peuvent l'être encore d'un emprisonnement de cinq jours au plus ; mais cette peine n'est point impérativement exigée par la loi ; le juge est libre de ne pas la prononcer, ou de l'appliquer suivant sa prudence et la gravité des faits. En cas de récidive, l'emprisonnement est de rigueur.

La loi de juillet 1791, et le code de brumaire an 4, réprimaient aussi ces mêmes faits. Il y a cependant cette différence entre les lois anciennes et le nouveau code, que celui-ci présente des dispositions moins étendues ; car il ne désigne nommément que les auteurs ou complices de bruits ou tapages, tandis que les lois précédentes comprenaient encore les auteurs de rixes, d'attroupements, de voies de fait et de violences légères.

Mais, malgré que la loi nouvelle n'a pas prévu ces derniers faits, on ne doit pas moins continuer de les réprimer en justice de police simple, suivant les dispositions des lois antérieures. Tel est le vœu formel de l'article 484 du code pénal, et telle était l'opinion de la commission de législation du corps législatif, qui fut énoncée ainsi : « Les contraventions de police s'étendent à toutes les offenses contre les personnes ou contre les propriétés qui ne sont pas assez graves pour autoriser de fortes punitions, mais dont la répression importe au bon ordre et à la sécurité publique. »

Ainsi il faut établir cette distinction, que les attroupements simplement injurieux, et les voies de fait légères, doivent encore être punis d'une amende de la valeur de trois journées de travail, ou de trois jours de prison, sauf à diminuer la peine, s'il y a des circonstances atténuantes (1), tandis que les auteurs *de bruits ou tapages* doivent être punis des peines infligées aux contraventions de troisième classe.

On peut demander quels sont *ces bruits ou tapages injurieux*, que la loi nouvelle n'exprime

______

(1) *Articles* 605 *et* 606 *du Code* de brumaire an 4.

pas nommément. Je crois pouvoir dire que ce sont 1° les rixes qui ont lieu, soit le jour, soit la nuit, dans les rues ou dans les places publiques ; 2° les réunions, ou attroupements, qui menacent, entourent ou insultent les passants ; 3° les mêmes au-devant des maisons des particuliers, pourvu qu'alors il n'y ait pas des voies de fait graves ; 4° certains concerts bizarres appelés vulgairement *charivaris*.

Ascendants. Ce sont les aïeuls ou aïeules. Ils ont la surveillance des enfants dont le père a disparu, lorsque la mère est décédée. Mais ils ne l'ont pas de plein droit ; elle doit leur être déférée par un conseil de famille. (*Art.* 142. *Code civil.*)

Pour connaître les autres droits et les devoirs des ascendants envers leurs petits-fils, *V.* Conseils de famille *et* Tutelle des ascendants.

Aubergistes. Tous ceux qui sont obligés à éclairer le devant de leurs maisons pendant la nuit, et qui le négligent, sont punis d'une amende d'un franc à cinq francs inclusivement pour la première fois, et d'un emprisonnement de trois jours en cas de récidive (1). Les aubergistes sont dans ce cas.

Ils doivent aussi écrire de suite, et sans aucun blanc, sur un registre tenu régulièrement, les noms, qualités, domiciles, entrées et sorties de tous ceux qu'ils logent, même pendant une seule nuit. S'ils refusent de représenter le registre à des époques déterminées et aux officiers de police,

(1) *Articles* 471 *et* 474 *du Code pénal.*

ils sont punis d'une amende de six francs à dix francs pour la première fois, et d'un emprisonnement de cinq jours, en cas de récidive (1). Ces peines sont les mêmes pour la tenue irrégulière de leurs registres. Les logeurs y sont aussi assujettis.

Ces contraventions ne sont point nouvelles ; les lois de juillet, d'octobre 1791 et de brumaire an 4, les avaient prévues et établies successivement ; mais les peines qui étaient infligées avaient varié. La loi nouvelle arrête ces différences par des amendes fixes.

Il est à désirer que l'on se pénètre bien de l'importance de ces deux dispositions, établies pour la sûreté publique ; c'est par ces moyens qu'on peut découvrir les gens sans aveu, les vagabonds, et même les coupables. Que les officiers de police ne négligent donc rien pour faire punir les contrevenants, en les traduisant devant les tribunaux de police. L'intérêt personnel des aubergistes et logeurs devrait seul les porter à remplir avec exactitude leurs devoirs ; car ils sont responsables des restitutions, indemnités et frais adjugés à ceux qui seraient victimes d'un crime ou d'un délit commis par des individus dont ils n'auraient pas écrit les noms, professions et domiciles sur leurs registres.

En matière civile, les aubergistes et logeurs sont responsables du vol ou du dommage des effets des voyageurs logés chez eux ; ils sont réputés dé-

(1) *Articles 475 et 478 du Code pénal.*

positaires nécessaires de ces mêmes effets, *V. les articles* 1952 et 1953 du *Code civil.* Cette responsabilité n'entraîne que des actions personnelles, soumises à la compétence limitée des juges de paix.

AUDIENCE. La simplicité et la brièveté furent les premières bases sur lesquelles l'assemblée nationale édifia le système de procédure dans les tribunaux de paix. Des formes simples et faciles convenaient seules à cette bienfaisante institution. Mais on alla trop loin ; on oublia même dans la première loi de prescrire un ordre pour les audiences des juges de paix : la nécessité de faire respecter ces nouveaux magistrats, commanda bientôt de fixer un ordre plus précis.

Ce fut la loi du 26 octobre 1790 qui établit les premières règles pour la tenue des audiences, leur police et les mesures répressives contre les personnes qui y troubleraient l'ordre et la décence : une seconde loi, celle du 29 février 1791, y ajouta des moyens nouveaux et coercitifs. Un décret de la convention les confirma.

Le dernier code de procédure réunissant ces diverses dispositions, élaguant des parties, ajoutant à d'autres, a établi un nouvel ordre. Il est réduit en cinq articles, dont voici les textes :

Art. 8, titre 2. « Les juges de paix indiqueront au moins deux audiences par semaine : ils pourront *juger* tous les jours, même ceux des dimanches et fêtes, le matin et l'après-midi.—Ils pourront donner audience chez eux, *en tenant les portes ouvertes.* »

Ce texte déroge, pour les juges de paix des villes, à la loi d'octobre 1790, qui leur prescrivait de tenir trois audiences par semaine; cependant cette restriction est compensée par la faculté de juger tous les jours. Lorsque le juge tient ses audiences dans son hôtel, il n'est pas obligé d'établir par ses jugements que les portes sont ouvertes. Ainsi jugé par arrêt de la cour de Paris du 16 pluviose an 11.

Art. 9, même titre. « Au jour fixé par la citation, ou convenu entre les parties, elles comparaîtront en personne ou par leurs fondés de pouvoirs, sans qu'elles puissent faire signifier aucune défense. »

On ne voit point ici, comme dans la loi des 14 et 28 octobre, une défense à toute personne attachée à l'ordre judiciaire, de représenter et d'assister les parties. Ainsi cette prohibition a cessé.

De ce que l'on ne peut faire signifier aucune défense devant les tribunaux de paix, s'ensuit-il qu'une partie ne peut faire lire à l'audience une consultation, un mémoire justificatif? Je ne le pense pas : une des premières règles du juge, c'est de ne jamais ajouter à la sévérité de la loi; ce qu'elle ne défend pas est permis, du moins toléré. Ce qu'elle veut ici, c'est d'éviter des frais et des délais de procédures en défendant des significations, des requêtes, des moyens. Or une lecture fugitive d'une pièce sans forme, ne contrarie point le vœu de la loi.

Art. 10. «Les parties seront tenues de s'expliquer avec modération devant le juge de paix, et de

garder en tout le respect qui est dû à la justice.
Si elles y manquent, le juge les y rappellera d'a-
bord par un simple avertissement ; en cas de récidive, elles pourront être condamnées à une
amende qui n'excédera pas la somme de dix francs,
avec affiches du jugement, dont le nombre n'excédera pas celui des communes du canton. »

Art. 11. « Dans le cas d'insulte ou d'irrévérence
grave envers le juge, il en dressera procès verbal,
et pourra condamner à un emprisonnement de
trois jours au plus. »

Ces textes sont puisés, à quelques variations
près, dans la loi d'octobre 1790. L'amende, qui
n'était que de six francs, a été élevée à dix. Le
coupable, qui était envoyé au tribunal de district
pour y être jugé, serait maintenant puni par le
juge de paix lui-même, s'il n'y avait déjà une dérogation sur ce point, comme je le dirai bientôt.

On a pensé diversement de la faculté de punir,
donnée ici au juge de paix : les uns ont prétendu qu'il ne pouvait le faire qu'en l'audience;
tandis que d'autres, le regardant comme en per-
manence, estiment qu'il peut, dans quelques
fonctions qu'il exerce, condamner celui qui l'insulte, ou qui commet une irrévérence grave en
sa présence.

S'il est certain qu'un juge de paix peut être
en fonctions par-tout où il se trouve dans son territoire, il est vrai aussi que la loi ne l'investit du
droit de réprimer l'indécence et l'insulte, même
personnelle, que pendant la tenue de ses audiences. Alors il ne peut étendre cette faculté à

des faits qui ont lieu ailleurs qu'à l'audience. —
Mais il est au moins inutile de discuter pour ou
contre ces propositions, parce que les juges de
paix n'ont plus l'autorité de punir eux-mêmes les
injures et les outrages qu'ils peuvent recevoir,
soit à l'audience, soit autrement, attendu que les
peines qui sont établies par le nouveau code pénal
(postérieur au code de procédure), contre ceux
qui insultent ou outragent les magistrats en fonctions, sont absolument des peines correctionnelles que les juges de paix ne peuvent prononcer.
Ils doivent donc se borner à dresser procès-
verbal, comme officiers de police judiciaire, des
injures qui peuvent leur être faites dans leurs fonctions et à raison de ces fonctions. Ce procès-verbal
est ensuite adressé dans les vingt-quatre heures au
procureur du roi, qui poursuit correctionnellement la punition des coupables.

Ainsi les articles 10 et 11 du code de procédure
se trouvent aujourd'hui réduits à donner aux juges
de paix la simple faculté de condamner à l'amende
pour le manque de respect pendant la tenue de
leurs audiences, avec affiches du jugement. *V.*
Juges de paix, Officiers de police judiciaire.

Art. 12. « Les jugements, dans les cas prévus par
les précédents articles, seront exécutoires par
provision. »

Cet article est absolument nouveau; mais il
ajoute à l'efficacité et à la sûreté de la peine, qui
étant subie malgré un appel, peut en imposer
davantage aux coupables, et peut-être prévenir
le délit.

Tout paraît prévu dans les nouveaux codes pour faire respecter les juges de paix dans leurs fonctions diverses ; mais il n'y est rien dit des égards qu'ils doivent au public. Sans doute le législateur a reconnu que ces magistrats ne les oublient pas. Qu'il me soit permis, cependant, de rapporter ici les termes de la loi 19 *de officio præsidis.*

In cognoscendo neque excandescere adversus eos quos malos putat , neque precibus calamitosorum inlacrymari oportet : id enim non est constantis et recti judicis , cujus animi motum vultus detegit : et summatim , ita jus reddi debet, ut auctoritatem dignitatis ingenio suo augeat.

Auditoire. C'est le lieu où le juge de paix donne ses audiences civiles, de police et extraordinaires. Quoique la loi permette à ce magistrat d'exercer ses fonctions chez lui , il est plus convenable qu'il ait pour cela un local décent et particulier, disposé même pour commander le respect. Chez les peuples anciens comme chez les modernes, tous les législateurs ont senti la nécessité de parler aux yeux de l'homme; ce n'est que pendant un petit nombre d'années d'une philosophie éphémère qu'on a oublié les preuves de l'expérience ; mais bientôt un grand nombre de décrets donnèrent aux juges de paix des auditoires dans les palais de justice, dans les mairies et autres édifices publics.

On affiche aux portes des auditoires, les placards qui annoncent les ventes de meubles saisis par exécution, les ventes de fruits pendant par racines saisis et brandonnés, les ventes de barques , chaloupes et autres bâtiments de mer, du port de dix tonneaux et au-dessus, bacs, bateaux et autres bâtiments de rivières. (*Articles* 617, 620 *et* 629 *du Code de procédure civile.*) *V.*, pour le complément de cet article, AUDIENCE.

AUDITION DE TÉMOINS. *V.* ENQUÊTE, PROCÉDURES EN MATIÈRES DE POLICE.

AUTEURS. « Les officiers de paix sont tenus de faire confisquer, à la réquisition et au profit des auteurs, compositeurs, peintres, dessinateurs ou autres, leurs héritiers ou cessionnaires, tous les exemplaires des éditions imprimées ou gravées sans permission formelle et par écrit des auteurs. » (*Art.* 3 *de la loi du* 19 *juillet* 1793.)

« Les fonctions attribuées aux officiers de paix par l'article 3 de la loi du 19 juillet 1793 seront à l'avenir exercées par les commissaires de police, et par les juges de paix dans les lieux où il n'y a pas de commissaire de police. » (*Art. premier de la loi du* 25 *prairial an* 3.) Il y a un arrêt de la cour de cassation, absolument conforme à ce texte, qui est du 9 messidor an 13.

La confiscation des ouvrages contrefaits ne s'opère pas de plein droit après leur saisie; mais, en vertu du procès verbal de constatation, on poursuit le contrefacteur pour faire déclarer qu'il y a contrefaçon et que la confiscation doit être acquise. La contrefaçon est un délit, et ce n'est que par un jugement contradictoire ou par défaut rendu en police correctionnelle, que toute saisie de ce genre doit être déclarée valable. *V.* les art. 425 et suiv. du Code pén. *V.* BREVETS D'INVENTION.

Aveu. C'est la reconnaissance faite par une partie, soit d'un fait, soit de la légitimité d'une demande. Quand cet aveu est pur et simple , il fait preuve complette de la chose avouée. Mais s'il est conditionnel, ou circonstanciel , ou partiel, il ne peut faire qu'un commencement de preuve : souvent même il ne prouve rien.

Dans l'ancienne jurisprudence, l'aveu était divisible ou indivisible , suivant la prudence du juge. La cour de cassation a même confirmé cette ancienne doctrine , par un arrêt du 10 mars 1806 ; mais depuis le code civil , l'aveu est absolument indivisible , qu'il soit judiciaire , ou qu'il soit extra-judiciaire. Trois arrêts modernes de la cour suprême l'ont décidé affirmativement (1).

L'aveu judiciaire est celui qui se fait devant le juge par la partie , ou son fondé de pouvoir. Il est irrévocable , à moins qu'il n'ait eu lieu par une erreur de fait, mais il ne serait pas révocable par la suite d'une ignorance de droit, *ignorantia juris neminem excusat.* Un tel aveu est reçu dans toute son intégrité , ou rejeté pour le tout. Il en est de même de celui fait en conciliation devant le juge de paix , parce qu'il est aussi aveu judiciaire. C'est ce que la cour de Paris a jugé affirmativement par arrêt du 31 mai 1807.

Quant à l'aveu extrajudiciaire , s'il n'est que verbal , la preuve n'en peut être ordonnée par témoins dans les cas où la demande ou la chose excèdeut 150 francs. (*Article* 1365, *Code civil.*)

(1) *V.* l'art. 1356 du *Code civil* , les arrêts des 28 avril 1807 , 13 juillet et 17 mai 1808. (*Dictionnaire des arrêts.*)

Mais lorsque l'aveu d'une partie rend la chose vraisemblable , le juge de paix peut lui déférer le serment. Non-seulement l'article 1367 du code l'y autorise , mais encore la cour de cassation a consacré ce principe par un arrêt du 5 juillet 1808. *V.* Sirey, an 1808 , page 434.

La même cour a jugé que c'est au débiteur que le serment doit être déféré , lorsque le créancier n'a d'autre titre que son aveu. (*Arrêt du 12 fructidor an 13.*)

AVIS DE PARENTS. C'est une délibération prise par un conseil de famille, présidé par le juge de paix, sur des choses qui se rapportent aux tutelles , même à celles des pères et mères.

La loi du 24 août 1790 donna dès lors aux juges de paix le droit de recevoir toutes délibérations que la personne , l'état ou les affaires des mineurs pourraient exiger pendant la durée de la tutelle ou de la curatelle ; à la charge de renvoyer devant les juges de district, ce qui deviendrait contentieux.

Plusieurs lois postérieures ont confirmé cette attribution. Les nouveaux codes ont réuni et définitivement fixé dans la compétence des juges de paix, les différents points qui nécessitent des avis de parents. J'en fais la nomenclature à l'article *Conseil de famille,* et j'y donne leur forme et leur composition. Je n'établirai donc ici que quelques règles générales.

Lorsqu'un avis de parents contient la nomination d'une personne non présente, le conseil commet un de ses membres pour faire notifier l'avis à la personne nommée. Cette notification se fait dans les trois jours de la nomination.

Si une délibération n'est pas unanime, les différents votes sont mentionnés dans le procès verbal. Tout délibérant peut se pourvoir contre la délibération : il forme sa demande contre les autres parents qui y ont concouru, sans qu'il soit nécessaire de se pourvoir en conciliation. On conçoit bien que ce droit est le même pour attaquer la délibération dans la forme ou sur le fond. La cour de Lyon l'a ainsi jugé le 15 février 1812, quoique dans l'espèce il y avait eu acquiescement par l'appelant au procès verbal vicié de nullité.

Il est quelques avis de parents qui, pour être définitifs, doivent être homologués par le tribunal de l'arrondissement, sur les conclusions du ministère public : 1° lorsqu'il y a lieu d'aliéner les biens des mineurs; 2° lorsqu'il s'agit de transiger pour eux; 3° lorsqu'on destitue un tuteur et que le tuteur destitué réclame; 4° lorsqu'on autorise un mineur émancipé à faire quelque emprunt. Ces cas sont les seuls où l'homologation est exigée par la loi; dans tous les autres, elle n'est pas requise.

Pour obtenir cette espèce de sanction, on présente une expédition de l'avis de parents au président du tribunal, qui met au pied une ordonnance de *soit communiqué au procureur du roi*, et commet un juge pour en faire rapport.

Le jugement d'homologation est rendu à la suite des conclusions du ministère public, sur l'expédition même de la délibération.

C'est le tuteur qui doit faire ses diligences pour

parvenir à ee jugement; et s'il le néglige pendant quinze jours, tout membre du conseil peut poursuivre l'homologation aux frais du tuteur et sans répétition (1). « Il est nécessaire, disait le rapporteur de la commission de législation, d'établir des moyens coercitifs contre le tuteur, afin que chaque membre de la famille puisse le forcer à remplir certaines formalités. » (*Exposé des motifs du Code.*)

Avoués et Avocats (les) peuvent représenter les parties en justice de paix, même en conciliation. *V.* Audience, Comparution, Conciliation.

B.

Bail a cheptel. Une loi du 15 germinal an 3, en déterminant plusieurs dispositions sur le bail à cheptel, ordonna que les contestations relatives à leur exécution, seraient décidées par le juge de paix du lieu ; et, dérogeant à la règle qui fixe le *maximum* de la valeur pour laquelle la preuve testimoniale peut être admise, cette loi permettait de faire enquête dans tous les cas où il n'y aurait pas de conditions écrites du bail à cheptel.

Cette attribution, faite ici aux juges de paix d'une manière illimitée, a cessé dès la promulgation de la loi du 2 thermidor an 6 ; de sorte que ces magistrats ne peuvent plus prononcer aujourd'hui sur de semblables difficultés, que lorsqu'elles ne s'élèvent pas au-delà de cent francs. C'est ce qui a été d'ailleurs jugé ainsi, par arrêt de la cour suprême du 22 juin 1808, motivé sur ce que les baux

(1) *Art.* 885, 886 *et* 887 *du Code de procédure civile.*

à cheptel ne donnent lieu qu'à des actions mobilières. *V*. LOUAGE.

Il a aussi été jugé par la cour de Poitiers, le 2 frimaire an 10, que la perte survenue dans le cheptel simple, sans la faute du preneur et par cas fortuit, est commune entre le bailleur et le preneur.

Le cheptel simple est celui dont les juges de paix peuvent connaître, ainsi que du cheptel improprement dit. Le preneur doit soigner, nourrir, garder les bestiaux en bon père de famille, soit à moitié profit, ou perte, soit à des conditions écrites et particulières. Dans de tels cheptels, l'estimation donnée aux bestiaux n'en confère pas la propriété au preneur, mais elle ne sert qu'à fixer la perte ou le gain qui se trouve à la fin du bail. Il n'en est pas ainsi à l'égard du cheptel donné au fermier, autrement nommé cheptel de fer. Pour en connaître les différences, *V*. les articles 1800 à 1826 du *Code civil*.

BAIL VERBAL. *V*. LOUAGE.

BAN-DE-VENDANGES (1). Son origine est très-ancienne ; on en trouve un réglement dès le mois de février 1356. Les seigneurs étaient seuls alors, ainsi qu'ils l'ont été long-temps après, en possession d'exercer ce droit, qui n'est autre chose que la fixation du jour de l'ouverture des vendanges. La diversité des coutumes et de la jurisprudence provoqua l'édit de 1706, qui investit dans plusieurs provinces les lieutenans de police du droit de pu-

______

(1) Vient de *Bannum*, proclamation. *V*. Ducange.

blier le ban des vendanges ; mais cette mesure ne fut point générale, et le droit continua de rester seigneurial dans plusieurs coutumes. Maintenant il n'est qu'une attribution des officiers de police.

Il s'est formé dans les campagnes plusieurs opinions sur ce point. Ici on pense qu'on n'est pas assujetti au ban de vendanges, si la vigne n'est pas grevée de redevances en nature ; là on se persuade qu'un terrain isolé n'est pas sujet à cette sorte de police. Tel propriétaire prétend qu'il en est exempt par la volonté du maire, et tel autre, parce que son héritage est clos. Ces distinctions n'existent ni dans les ordonnances anciennes, ni dans la loi nouvelle (1). Cependant, comme il ne s'agit que d'un acte de police et de bon ordre, celui qui a ses vignes dans un terrain clos, doit être exempt de toute surveillance, parce qu'il n'est pas dans le cas de troubler ni de nuire à ses voisins, en ramassant sa récolte. Mais un maire, ni aucun autre officier de police, ne peut accorder une dispense de ban de vendanges ; ce serait un acte arbitraire.

Les peines infligées aux contrevenants ont singulièrement varié ; elles sont maintenant fixées de six à dix francs pour la première fois, et à cinq jours de prison en cas de récidive. Ces peines sont appliquées par les juges de paix, comme juges de police.

Batiments (les) sont toujours réputés une dépendance du fonds sur lequel ils reposent. La règle, *œdificium semper solo cedit*, est généralement

(1) *Code pénal*, art. 475.

suivie parmi nous. Je ne dois parler ici que des bâtimens et des maisons qui menacent ruine.

Les refus ou les négligences d'exécuter les réglemens de voirie, ou d'obéir à la sommation de démolir ou de réparer les maisons ou édifices condamnés par l'autorité, étaient punis, par la loi du 6 octobre 1791 , d'une amende égale à la moitié de la contribution mobilière du délinquant; elle ne pouvait cependant être au-dessous de six fr. Ces dispositions sont modifiées par l'article 471 du code pénal, cinquième paragraphe, qui inflige seulement une amende d'un franc à cinq francs pour les refus ou négligences d'obéir aux réglemens de petite voirie.

Les juges de paix connaissent de ces faits en tribunal de police ; ils les jugent en dernier ressort quand l'amende et les restitutions civiles qu'ils prononcent n'excèdent pas cinq francs ; autrement leurs jugements ne sont qu'en première instance. Il n'y a pour raison de ces mêmes faits aucune confiscation de matériaux, ni même la peine de prison, sauf en cas de récidive : alors la loi exige l'emprisonnement du condamné. *V*. Récidive.

Bergers. L'article 22 de la loi du 27 septembre 1791, sanctionnée le 6 octobre, porte « que dans les lieux de parcours ou de vaine pâture, comme dans ceux où ces usages ne sont point établis, les pâtres et les bergers ne pourront mener les troupeaux d'aucune espèce , dans les champs moissonnés et ouverts, que deux jours après la récolte enlevée entièrement, sous peine d'une amende de la valeur d'une journée de travail : l'amende sera double si les bestiaux ont pénétré dans un enclos rural. »

Ainsi jugé par arrêt de la cour suprême du 19 brumaire an 8.

On doit encore suivre ces dispositions, parce qu'elles n'ont été ni prévues ni abrogées par le nouveau code pénal, dont l'article 484 prescrit au contraire de se conformer aux lois précédentes qu'il n'a pas abrogées. Ainsi les juges de paix continuent de juger en tribunal de police, les faits établis dans l'article 22 de la loi d'octobre, mais c'est toujours en dernier ressort, parce que l'amende, même doublée, n'excède pas la somme jusqu'à laquelle ils prononcent ainsi. Cependant s'il y avait des dommages intérêts prononcés en faveur de la partie civile, et que, réunis à l'amende, ils excédassent cinq francs, alors le jugement serait susceptible d'appel.

La loi nouvelle atteint les bergers d'une autre manière ; elle punit d'une amende de six à dix francs ceux qui excitent ou ne retiennent pas leurs chiens, lorsqu'ils attaquent ou poursuivent les passants, *quand même il n'en serait résulté aucun mal ni dommage.*

Quelques réglements anciens, mais locaux, offroient des dispositions à-peu-près semblables, qui, cependant, n'avaient jamais été étendues au cas où il n'arrive de mal à personne. On doit louer l'attentive prudence des législateurs modernes ; il ne faut pas toujours attendre le mal pour agir ; il est mieux de le prévenir. Si les chiens de garde ne sont point excités, et s'ils sont retenus, le passant n'aura rien à en redouter. C'est dans les campagnes où ces faits sont le plus à craindre, parce qu'il y a bon nombre de chiens de garde, forts ou méchants, que les bergers se font un jeu d'exciter après les passants pour jouir de leur inquiétude.

La surveillance des gardes champêtres est ici très-utile; ils doivent veiller à la sûreté des individus, lorsqu'elle est menacée ou inquiétée par les chiens; ils doivent dresser des procès verbaux contre les bergers négligents ou malveillants. Je pense même qu'ils peuvent tuer les chiens, en cas de nécessité; ce que peut faire aussi la personne attaquée.

La peine prononcée contre cette contravention est appliquée par les juges de paix, jugeant en tribunal de police, mais toujours en première instance.

Bestiaux *gardés à vue sur le terrain d'autrui.* Ce fait était puni par la loi de septembre 1791, d'une amende égale à la valeur du dédommagement dû au propriétaire. Le nouveau code pénal n'a point prévu cette contravention; mais, d'après son article 484, on doit continuer de la juger suivant la loi ancienne. Ainsi, quand celui qui se plaint d'un dommage fait par des bestiaux gardés à vue, ne réclame qu'une indemnité de quinze francs et au-dessous, le juge de paix est compétent, puisque cette somme est le *maximum* des amendes qu'il prononce en matières de police.

Bestiaux *laissés à l'abandon.* Les dommages que font les bestiaux de toute espèce, laissés à l'abandon sur les propriétés d'autrui, sont payés par les personnes qui ont la jouissance des bestiaux. Si elles sont insolvables, les dégâts sont payés par le propriétaire. Il est satisfait aux indemnités par la vente des bestiaux, s'ils ne sont pas réclamés, ou si le dommage n'a point été payé dans la huitaine du jour du délit. Tel est le vœu de la loi de septembre 1791.

Cependant, lorsqu'un propriétaire a confié ses bestiaux à la garde du pâtre établi par la commune, il n'est point passible des condamnations pour les dégâts commis par ses bestiaux; c'est le pâtre qui doit en répondre et payer l'amende encourue. La cour de cassation l'a jugé affirmativement, par arrêt du 14 frimaire an 14. (*Sirey, an* 14, *p.* 127.)

Cette jurisprudence a été appliquée par plusieurs tribunaux, à des personnes qui avaient intérêt dans la jouissance des bestiaux, soit en totalité, soit en partie, sans recours contre le propriétaire.

Quant à l'amende infligée pour ce fait, elle est la même que celle pour les bestiaux gardés à vue. Ces deux faits n'ont pas été prévus par la loi nouvelle, et dès-lors ils continuent d'être réglés suivant les dispositions de la loi ancienne.

Bestiaux *morts.* On doit les enfouir dans les 24 heures, à quatre pieds de profondeur, dans le terrain du propriétaire, ou dans un lieu désigné par le maire à cet effet, sous peine d'une amende de la valeur d'une journée de travail, non compris les frais d'enfouissement. (*Loi du* 6 *octobre* 1791, *titre* 2, *art.* 13.)

Ni le code de brumaire an 4, ni le dernier code

pénal, n'ont prévu cette contravention ; elle doit donc toujours être réprimée suivant les lois anciennes. Les juges de paix en connaissent en dernier ressort, quand ils ne prononcent que l'amende, vu sa modicité.

BIENS COMMUNAUX. Les actions possessoires à l'égard des biens communaux, sont de la compétence exclusive des juges de paix, et non de l'autorité administrative. Ainsi jugé, par arrêt de la cour suprême du 10 novembre 1812.

BILLETS. Nous ne parlerons ici que de deux espèces de billets : celui à ordre, qui se fait entre marchands et pour cause de commerce, reçoit les dispositions relatives aux lettres de change ; ainsi le non-paiement en est poursuivi devant les tribunaux de commerce. Mais le billet qui ne porte que des signatures d'individus non marchands, et qui n'est pas relatif à des opérations de commerce, ne donne lieu qu'à des actions pures personnelles et mobilières, même quand il serait fait à ordre (1). Ainsi jugé, par arrêt de la cour de cassation, dès le 26 vendémiaire an 7, et confirmé par l'article 638 du code de commerce. Les juges de paix connaissent donc du paiement des billets simples, comme des autres actions personnelles et mobilières, c'est-à-dire, jusqu'à 50 francs en dernier ressort, et en première instance, jusqu'à 100 francs ; cependant, si les billets étaient motivés pour salaires d'ouvriers, pour indemnités

____

(1) C'est une maxime de droit constante que, *verba contractûs valent quantùm sonant, et non extenduntur de personâ ad personam.*

de dommages ou d'autres causes dont les juges de paix connaissent à une valeur illimitée ; il en serait ainsi de ces billets. Mais on ne peut demander devant un juge de paix la reconnaissance de l'écriture apposée sur ces actes, parce que si l'écriture était déniée ou contestée, il ne serait pas compétent : la loi lui ordonne, dans cette circonstance, de parapher, *ne varietur*, la pièce méconnue, et de renvoyer les parties devant d'autres juges, *V. FAUX.*

Mais le juge de paix est compétent pour annuler un billet dont l'écriture n'est pas désavouée, s'il renferme un vice suffisant pour le faire proscrire ; par exemple, s'il était fait sans cause, ou sur une cause fausse, parce qu'alors il serait présumé fait *ob turpem vel injustam causam.* Le code civil prononce formellement cette nullité par l'article 1131 ; et, conformément à son esprit, il a été rendu un grand nombre d'arrêts qui ont annulé des obligations faites sans cause, ou sur cause fausse ou illicite, *voyez-les, à la page 393 du Code civil annoté par Sirey.* Les plus remarquables sont ceux de la cour de cassation des 9 juin 1812, 21 février 1810, 17 mars 1813 et 18 juillet 1808.

Le juge de paix peut encore annuler un billet non écrit par le signataire, lorsqu'il ne réunit pas avec sa signature un *bon* ou un *approuvé*, écrit par le même signataire, portant en toutes lettres la somme ou la quantité de la chose promise, excepté dans le cas où l'acte émane de marchands, artisans, laboureurs, vignerons, gens de journées et de service. (*Article 1326, Code civil*)

Il existe encore sur ce point de nombreux arrêts, qui tous ont décidé suivant l'esprit et la
lettre de l'article que je viens de citer, *voyez-les, au
nombre de 30, page 465 du Code civil annoté.*

Cette jurisprudence était d'ailleurs celle qui
avait été consacrée par la déclaration du mois de
septembre 1733.

Le juge de paix est-il compétent pour connaître
d'une saisie-arrêt, faite en vertu d'un billet de 100
francs et au-dessous, *V.* Saisie-arrèt.

Blessures d'animaux. Ceux qui occasionent la
mort ou la blessure des bestiaux, ou d'autres
animaux, par la rapidité ou la mauvaise direction,
ou le chargement excessif des voitures, chevaux
bêtes de trait, de charge ou de monture, sont
punis d'une amende de onze à quinze francs inclusivement, et d'un emprisonnement de cinq
jours en cas de récidive. (*Articles* 479 *et* 482,
Code pénal.)

La première partie de cette disposition est le
complément du quatrième paragraphe de l'article
605 du code des délits et des peines, du 3 brumaire
an 4, et du n° 7 de l'article 475 du nouveau code
pénal, puisque ces deux articles n'ont prévu que
le simple fait de la divagation des fous, furieux,
animaux malfaisants ou féroces, sans parler des
accidents qui pouvaient suivre cette divagation.

Il en est de même de la seconde partie; elle
complette les paragraphes 3 et 4 de l'article 475
déjà cité.

D'après ces différentes dispositions, si le juge
est appelé à prononcer sur la divagation des fous,

furieux ; animaux malfaisants ou féroces ; s'il doit réprimer la mauvaise direction, le chargement excessif, la rapidité des voitures et des bêtes de charge, il doit d'abord examiner si les faits sont simples et dénués de circonstances aggravantes ou volontaires ; en ce cas, il n'applique que les peines des contraventions de deuxième classe ; mais si ces faits ont occasioné soit la mort ou la blessure d'animaux appartenant à autrui, soit un dommage volontaire, non excepté des attributions de la police simple, en ces cas, il prononce les peines des contraventions de troisième classe, établies par l'article 479 du nouveau code pénal déjà cité.

Ces réflexions s'appliquent naturellement aux contraventions établies par les numéros 3 et 4 du même article. Le premier punit de semblables peines, ceux qui occasionent des blessures ou la mort d'animaux appartenants à autrui, par l'usage d'armes sans précaution, ou avec maladresse, ou par le jet de pierres et autres corps durs. La loi (*art.* 480) ajoute en ce cas à l'amende, la peine de cinq jours de prison dès la première fois, mais facultativement, et suivant les circonstances.

Il est évident qu'il ne s'agit que de faits accidentels, car celui qui blesse ou tue volontairement, *sans nécessité*, des animaux appartenants à autrui, est puni correctionnellement. (*Art.* 453 *et* 454, *Code pénal.*)

Il y a nécessité de repousser, blesser, ou tuer les animaux pour sa défense ou celle d'autrui, ou pour celle de ses propriétés. Aussi la loi du 6 octobre 1791 ne déclarait coupables que ceux qui avaient, de dessein prémédité, méchamment et sur le territoire d'autrui, tué des bestiaux ou des chiens de garde.

Quant au paragraphe IV du même article 479, il concerne ceux qui causeront la mort ou des blessures d'animaux par la vétusté, la dégradation, le défaut de réparations ou d'entretiens des maisons ou édifices, ou par l'encombrement ou l'excavation, ou telles autres œuvres, dans, ou près les rues, places ou voies publiques, sans précautions ou signaux d'usage.

C'est la même amende de 11 à 15 francs, qui est infligée dans ces cas, comme dans les précédents, avec l'emprisonnement pendant cinq jours en cas de récidive. Toutes les dispositions qui font le sujet de l'article 479, me paraissent puisées dans *les ordonnances du 1er juillet 1712, du 18 août 1730, du 1er septembre 1769, et 1er septembre 1779, rapportées dans le recueil de Sagnier.* On y trouve aussi de l'analogie avec l'article 1386 *du Code civil,* dont voici le texte : « Le propriétaire d'un bâtiment est responsable du dommage causé par sa ruine, lorsqu'elle est arrivée par une suite du défaut d'entretien ou par le vice de sa construction. »

Il n'est pas douteux que cette disposition ne donne lieu à une action civile, en faveur de celui qui a éprouvé le dommage (1), soit dans ses im-

---

(1) *Est juris vinculum, quo quis necessitate adstringitur alicujus rei solvendæ. Instit. de oblig.*

meubles , soit dans ses meubles : il poursuivra
donc le paiement de son indemnité , ou devant
le tribunal civil lorsqu'il n'y aura pas contravention , ou devant le tribunal de police , lorsqu'il
s'agira de blessures , ou de mort d'animaux.

Bois taillis. Ceux qui , sans aucun droit ,
laissent passer des bestiaux , animaux de trait , ou
autres , en quelque saison que ce soit , dans les
bois taillis , sont punis d'une amende de 6 à 10 fr.
pour la première fois , et d'un emprisonnement de
trois jours en cas de récidive. *Code pénal, article*
475 , § X.

On a douté si les juges de paix étaient compétents pour connaître en tribunal de police des dégâts
faits par le parcours et le pâturage des bestiaux
dans les bois taillis , parce que la loi ne parle que
du fait *de laisser passer.* Cette difficulté ne m'a
paru que sophistique. Qu'est-ce donc que laisser
passer des animaux dans un taillis, si ce n'est les y
laisser parcourir ? et comment y passent-ils , si
ce n'est en y vaguant ? la loi du 6 octobre 1791 ,
dans laquelle on a puisé beaucoup de dispositions
du nouveau code, était loin de permettre un pareil
doute. Elle classait les dégâts commis dans les
bois par les parcours des bestiaux dans les attributions de la police municipale ; elle tarifait
même les amendes par tête et par espèce de bêtes.
De même, le code de brumaire an 4 attribuait aux
juges de simple police la connaissance des dommages faits par la divagation d'animaux. Je ne
doute donc nullement que le passage , la divagation, le parcours (choses presque les mêmes) des

bestiaux dans les taillis, soient toujours dans la
compétence des juges de police.

Notre article 475 lève tous les doutes. D'ailleurs, la cour suprême a décidé, sur le pourvoi
contre un jugement de police simple, que le délit
commis dans les bois taillis par le parcours des
bestiaux doit être puni, malgré que le propriétaire du bois déclarât que c'est avec sa permission que le bétail a pâturé. Mais elle n'a point
décidé qu'il y avait incompétence ; donc elle a
regardé le juge de police comme compétent. L'arrêt est du 5 novembre 1807.

Au reste, il ne s'agit que des bois taillis des
particuliers, ainsi que l'explique l'article 179
du code d'instruction criminelle, parce que tous
les faits poursuivis par l'administration forestière,
le sont devant les tribunaux correctionnels. *V.*
pour le complément de cet article, DIVAGATION
DES CHÈVRES.

BOISSONS FALSIFIÉES. Toute mixtion ou falsification de liquides, était jadis punie correctionnellement. La loi du 29 septembre 1791, prononçait 1000 francs d'amende et un an de prison,
en cas de mixtions nuisibles ; mais elle laissait une
lacune à remplir ; c'est ce qu'a fait le nouveau
code (art. 475, n° 6) en ces termes : « Sont punis
d'amende depuis 6 francs jusqu'à 10 francs inclusivement, ceux qui auront vendu ou débité des
boissons falsifiées. »

Voilà ce qui est du domaine de la simple police;
mais la loi ajoute : *sans préjudice* des peines plus
sévères qui seront prononcées par les tribunaux

de police correctionnelle, dans le cas où elles contiendraient des mixtions nuisibles à la santé (délit
prévu par l'art. 318).

L'amende n'est pas la seule peine que la loi
inflige, elle prononce encore et la confiscation
des liquides falsifiés et la prison pendant trois
jours. Cependant les juges de paix ont la faculté
d'appliquer ou non l'emprisonnement pour la première fois, cela dépend des circonstances plus ou
moins graves; mais, en cas de récidive, la loi leur
ordonne de prononcer cinq jours au plus de
prison.

Je trouve qu'il est difficile de constater les falsifications des boissons, et la loi n'établit aucun
mode de le faire. Les juges ou les officiers dégus-
teront-ils les liquides falsifiés? en auront-ils tous
des moyens suffisants? nommeront-ils des experts
pour en faire la vérification ? devra-t-on les
choisir dans la classe du prévenu? alors n'en
aura-t-on rien à craindre? Je ne prononcerai point
sur ces diverses questions, je me borne à en faire
apercevoir les inconvénients, et je laisse aux juges
le choix des moyens qu'ils trouveront les plus
propres à atteindre les coupables, suivant les circonstances, les localités et les personnes.

Il faut toujours distinguer dans les vérifications
des liquides, la falsification simple d'avec la
mixtion dangereuse : dans ce dernier cas, ils doivent être *répandus*, la loi le veut ainsi.

Bornes (*Déplacements de*). Ce fait est classé
au rang des actions possessoires. Les juges de
paix en connaissent en dernier ressort jusqu'à la

valeur de cinquante francs, et, à quelque valeur que ce soit, à charge d'appel. Mais l'action, pour établir ces bornes, *finium regundorum*, emportant une division, du moins une limitation de propriété, quand elle est dirigée en vertu d'un titre, me paraît alors une action mixte. La loi *de oblig. quæ ex quasi contr. nasc.*, avait ainsi caractérisé ces sortes d'actions. Les juges de paix ne peuvent donc en connaître que lorsque le bornage est lié à l'action possessoire ; c'est-à-dire, lorsqu'il doit avoir lieu suivant la possession annale de la partie demanderesse, ou même suivant celles des deux parties. C'est ainsi que la cour de cassation l'a jugé, par son arrêt du 27 avril 1814, qui a déclaré que le juge de paix ne cumule pas le possessoire avec le pétitoire lorsqu'il ordonne que des bornes seront placées pour établir la ligne séparative de deux héritages par suite d'une action possessoire, parce qu'il est compétent pour *régler les suites de sa décision*. (Sirey, *tom. 14, première partie, page 294.*)

L'établissement des bornes, ou le rétablissement des anciennes, se fait au possessoire par un procès verbal de visite des lieux, en vertu d'un jugement interlocutoire, *V.* Visite des lieux.

Boulangers et Bouchers. Plusieurs ordonnances royales, divers réglements locaux, les lois de juillet 1791 et de brumaire an 4, ont assez généralement assujetti à la taxe de l'autorité, les pains et les viandes. De là sont nées diverses mesures de police contre les bouchers et les boulangers, dont nous traiterons dans les articles qui leur sont propres. *V*. Contraventions *réglées par des lois particulières*, Poids et mesures.

Boutiques, Cafés, Cabarets. Les officiers de police peuvent y entrer pour constater les désordres, contraventions, ou délits, vérifier les poids et mesures, le titre des matières d'or ou d'argent, la salubrité des comestibles et des médicaments. (*Loi du 22 juillet* 1791, *art.* 9.)

Les boutiques doivent être fermées les jours de fêtes et dimanches, cependant les marchands peuvent vendre dans l'intérieur de leurs maisons, pourvu qu'ils ne fassent aucun étalage, ni ne tiennent les ais et volets de leurs boutiques ouverts. (*Ordonnance du* 18 *novembre* 1814.)

Les cafés, les cabarets, les restaurants, les jeux de paumes et de billard peuvent être ouverts les jours de fêtes et de dimanches ; excepté pendant les offices divins.

Ces différentes contraventions, qui doivent être constatées par les maires et adjoints, ou les commissaires de police, ont été punies de peines très-variées : une foule d'ordonnances, de déclarations, d'édits même ont paru sur cette matière, depuis le réglement du 19 mars 1543.

Il serait fastidieux de comparer leurs dispositions différentes, souvent contradictoires. Je me bornerai à dire que, maintenant, les contraventions sont jugées par les tribunaux de simple police et punies d'une amende de 5 francs pour la première fois, et de 15 francs en cas de récidive, *V*. pour le complément de cet article, Fêtes et Dimanches.

Brevets d'inventions. Ce sont des attestations délivrées par un ministre, pour attester la priorité de découvertes ou de procédés, pour lesquels ceux qui en sont les auteurs désirent d'être brévetés.

Quand la propriété est certaine, un brevet d'invention donne le droit à celui qui l'a obtenu, de faire fabriquer, vendre et distribuer seul, l'objet de son invention ; d'en poursuivre les contrefacteurs suivant le mode que la loi prescrit; de les faire condamner à l'amende, de saisir et confisquer à son profit les choses contrefaites. (*Lois des 7 janvier et 24 mai 1791.*)

Les juges de paix connaissent en première instance, à une valeur illimitée, de toutes contestations relatives aux brevets d'inventions. (*Mêmes lois.*)

Les porteurs de ces brevets ne peuvent poursuivre comme contrefacteurs ; ceux qui, avant qu'ils en fussent pourvus, faisaient déjà usage des moyens et procédés contenus dans leurs brevets. De tels faits sont de nature à se prouver par témoins. Ces deux points ont été résolus affirmativement par la cour de cassation, par arrêt du 29 messidor an 11. *V*. Denevers, an 12, pag. 55.

Celui qui rend publics les procédés contenus dans son brevet d'invention, perd le privilége qu'il lui accordait. Ainsi jugé par autre arrêt de la même cour du 10 février 1806. Mais celui qui a simplement souffert que d'autres se servissent de son procédé, même pendant plusieurs années, n'est pas déchu des droits que lui accorde son brevet. Tel est le dispositif d'un troisième arrêt de la même cour, du 28 nivôse an 11. *V.* Sirey, an 11, page 142.

Bris de Scellés. *V.* Levée de Scellés.

Brigandages. *V.* Accidents.

Bureaux de paix. Il n'y en a plus de proprement dits. Les fonctions de ceux qui se formaient par les juges de paix et leurs assesseurs, ainsi que celles des bureaux qui étaient établis près les tribunaux civils, sont exercées par les juges de paix seuls, chacun dans son canton, *V.* Conciliation.

C'est une erreur de M. Le Page de distinguer encore des *bureaux de conciliation*, parce qu'il n'en peut exister depuis que les juges de paix n'ont plus d'assesseurs, et qu'ils connaissent seuls des causes qui leur sont soumises en conciliation; à moins que l'on ne supposât qu'un bureau pourrait se composer d'une seule personne; ce qui serait contraire à la plus simple idée qu'offre la composition d'un bureau quelconque. Au reste les lois décident la question sans réplique, puisqu'elles n'établissent les conciliations que devant les juges de paix seuls. C'est ainsi qu'en disposent les lois de floréal an 10, et le nouveau code de procédure, articles 48, 50, 55 et 58. Nulle part ces dispositions ne contiennent le mot *bureau*.

C.

Cassation. On ne pouvait former sous le règne de la loi du 1er décembre 1790, art. 3, aucune demande en cassation contre les jugements rendus en dernier ressort par les juges de paix : cette disposition n'existe plus ; des lois postérieures, et la jurisprudence l'ont abrogée. On se pourvoit maintenant en cassation, tant au civil qu'en police, contre les jugements en dernier ressort, rendus par les juges de paix. « Le ministère public et les parties pourront, s'il y a lieu, se pourvoir en cassation contre les jugements rendus en dernier ressort par le tribunal de police ». (*Art.* 216 *du Code d'instruction criminelle.*)

La cour suprême a même décidé que le pourvoi en cassation est recevable contre un jugement par défaut, mais définitif d'un juge de paix. (*Arrêt du* 1er *frimaire an* 12.)

CAUTION. *V.* EXÉCUTION PROVISOIRE DES JUGEMENTS.

La caution *judicatum solvi* doit être fournie par les étrangers, comme elle l'était dans l'ancienne jurisprudence. « Tous étrangers, demandeurs principaux ou intervenants, seront tenus, si le défendeur le requiert avant toute exception, de fournir caution pour le paiement des frais et dommages-intérêts, auxquels ils pourraient être condamnés. Le jugement qui ordonnera la caution, fixera la somme jusqu'à concurrence de laquelle elle sera fournie. » (*Articles* 166 *et* 167 *du Code de procédure civile.*)

Il n'est pas besoin de dire que cette règle doit s'exécuter dans les tribunaux de paix, comme dans tous autres. Cependant l'étranger qui justifie qu'il possède en France, des immeubles suffisants pour répondre des frais, ne doit point fournir de caution ; il en est de même de celui qui est porteur de titres authentiques, établissant qu'il possède des capitaux dans le royaume. (*Arrêt de la Cour de cassation du 9 avril 1807.*)

CÉDULE. C'est un acte délivré par le juge de paix, soit pour appeler une partie devant lui à bref délai, soit pour ordonner un préparatoire urgent, ou exécuter un interlocutoire ; ou, enfin, pour faire d'office quelques nominations. Lors du premier ordre de procéder dans les justices de paix, le juge délivrait des cédules pour introduire toutes les actions, ce qui était le surcharger d'opérations fort inutiles, puisque l'huissier avait caractère pour ajourner les parties. Aussi la cédule ne tarda pas à être supprimée dans les villes ; elle l'a été généralement par le dernier code de procédure.

Les cas pour lesquels la cédule est conservée, sont : 1° pour les faits qui requièrent célérité, et pour lesquels on abrège les délais ordinaires, tant en matières civiles qu'en police (1); 2° lorsqu'avant l'audience, la partie lésée ou le ministère public demande l'estimation d'un dommage, *V.* PROCÉDURES EN JUSTICE DE POLICE ; 3° s'il s'agit de faire exécuter une opération par des gens de l'art, ou de nominations d'experts d'office ; 4° pour faire une enquête ; 5° enfin, lorsque le juge de paix commet un huissier pour exercer à la place de son huissier empêché.

La cédule doit contenir tout ce que contient la citation, principalement les motifs du sujet qui y

______

(1) *Art.* 6, *Code de procéd. civ.* ; et *art.* 146, *Code d'instruct. crimin.*

donne lieu, *ratione petendi*. Mais elle est faite au nom du juge, qui, sur l'exposé du requérant, cite les parties, les témoins, et ordonne ce qu'il convient pour les jours et heures fixés. Cette cédule, qui est une sorte d'ordonnance, est notifiée par un acte mis au pied par l'huissier du juge de paix, ou tout autre par lui commis; il en délaisse copie à personne ou domicile, et s'il ne trouve personne aux domiciles des cités ou appelés, il observe ce qui est prescrit en ce cas pour les citations. *V.* pour le complément de cet article, Citation, Délai.

Cérémonies publiques. Je traiterai à l'article Juges de paix, des droits, rangs et préséances de ces magistrats dans les cérémonies publiques, et je n'établirai ici qu'une attribution particulière aux tribunaux de police.

Il est essentiellement du domaine du pouvoir administratif, d'ordonner tout ce qui est nécessaire, utile, décent et même de pompe dans les cérémonies publiques. La loi du 24 août 1790, titre 11, article 3, ne laisse aucun doute sur ce point. Cependant on a mis en question si les maires pouvaient ordonner que leurs administrés tapisseraient le devant de leurs maisons le jour de la Fête-Dieu, comme si cette solennité religieuse n'était pas une cérémonie publique. On a même prétendu que la loi du 24 août ne s'appliquait pas d'une manière spéciale aux tentures ordonnées pour cette fête. Enfin on a soutenu que les citoyens professant le culte réformé, ne pouvaient être forcés d'honorer un culte qu'ils ne reconnaissaient

pas ; qu'autrement la liberté de conscience, consacrée par la charte, n'existerait plus. Ces prétentions rejetées par le juge de paix de Puy-Laurent,
le 23 juin 1817, dont le jugement a été confirmé
par le tribunal de Lavaur, ont été proscrites sans
retour, par arrêt de la cour de cassation, du 29
août 1817, attendu que la loi du 24 août a confié à
la vigilance des administrations tout ordre à
observer dans les cérémonies publiques, et attendu
que la tenture extérieure d'une maison, n'empêche
personne de professer sa religion particulière (1).

CHEMINS PUBLICS. Les cultivateurs, ou tous autres qui dégradent les chemins publics, ceux qui
en enlèvent les gazons, terres ou pierres, ou des
matériaux appartenants aux communes, sans l'autorisation de l'autorité administrative, sont condamnés à une amende qui ne peut être moindre
de trois fr., ni excéder vingt-quatre fr. (*Loi du 6
octobre 1791, art. 44.*) Ces différents faits n'ont
point été prévus par le nouveau code pénal, mais il
prescrit, par son article 484, de suivre les lois anciennes, pour tout ce qu'il peut avoir omis. C'est
donc encore l'amende de trois à vingt-quatre fr.,
qui doit être prononcée contre les auteurs des
dégradations dont j'ai parlé.

Le *minimum* de cette peine peut sans doute être
prononcé par le juge de paix, mais jamais le *maximum*, puisqu'il ne peut appliquer en police que
des amendes de quinze francs et au-dessous. J'ai

(1) S'il m'était permis de me citer moi-même, je dirais
qu'en pareil cas j'ai décidé ainsi.

souvent été tenté de laisser la connaissance de ces faits aux juges de première instance ; mais un arrêt de la cour de cassation du 30 janvier 1807, et un décret dont je vais parler, m'ont décidé à juger suivant la loi de septembre 1791. L'arrêt ordonne que les anticipations sur les chemins vicinaux par voie de fait, seront considérées comme des contraventions, et non comme des délits. Certes une empiétation est une dégradation. Quant au décret, voici son hypothèse et son dispositif. Le juge de paix de l'Est de la Rochelle, ayant connu d'une contravention pour enlèvement de terres et de gazons sur un chemin de première classe, le préfet de la Charente-Inférieure prétendit que le fait était dans les attributions du conseil de préfecture ; en conséquence il éleva le conflit. Mais par un décret l'arrêté du préfet fut cassé, et la sentence du juge de paix fut maintenue.

Ainsi il est décidé, *in terminis*, que les juges de police sont compétents pour connaître des dégradations des chemins publics, mais ils ne doivent jamais prononcer le *maximum* de la peine, ils doivent se borner à varier cette peine depuis trois fr. jusqu'à quinze fr., dernier période des amendes de simple police.

Chevaux. Laisser courir des chevaux, bêtes de trait, de charge ou de monture dans l'intérieur des lieux habités, est une contravention de seconde classe dont les juges de paix connaissent en première instance au tribunal de police. La peine infligée à ce fait, est une amende de six à dix fr.

pour la première fois, et de cinq jours de prison au plus en cas de récidive.

Chiens de garde. Celui qui tue sans nécessité un ou plusieurs de ces animaux sur le territoire d'autrui, est justiciable des tribunaux correctionnels; mais celui qui excite ses chiens après les passants ou qui ne les retient pas, est punissable d'une amende de police, quand même il n'en serait résulté aucun mal ni dommage. *V.* Bergers.

Citation. C'est un acte par lequel une partie en ajourne une autre à comparaître devant le juge de paix, soit pour la faire condamner à des restitutions, indemnités, paiements de sommes, soit pour se concilier, s'il se peut, sur une demande qui est sur le point d'être formée devant les juges de première instance, pour des causes étrangères à la juridiction de paix. La citation a lieu tant en matières civiles que de police. Sa rédaction contient la date des jour, mois et an qu'elle est faite; les prénoms, noms, professions et domiciles des demandeurs; les noms, demeure, immatricule et date de la patente de l'huissier; les noms et demeure de la partie citée : elle énonce sommairement les motifs de la demande ou de la conciliation, *ratione petendi*, ce qui s'appelle libeller la citation (1); elle indique le juge devant lequel

______

(1) *Ut perindè sciat reus, utrùm cedere aut contendere debeat, et si contendendum putet, veniat instructus ad agendum, cognitá actione, quá conveniatur. L.* 1, *in* § *de edendo.* C'est ce texte qui a fourni les art. 1er et 6 du tit. 3 de l'ordonnance de 1667, desquels est imité l'art. 1er du nouveau code de procédure.

I.   *6*

on ajourne; le lieu, le jour et l'heure de la comparution; elle fait mention des droits qui forment
son coût; elle est enfin laissée à personne ou domicile. Autrefois les citations ne se faisaient que
par cédule du juge, mais le dernier code l'a supprimée, comme inutile; il l'a cependant conservée
dans quelques circonstances. *V*. CÉDULE.

En matières personnelles et mobilières, la citation est donnée devant le juge du domicile du
défendeur cité, ou devant celui de sa résidence,
s'il n'a pas de domicile. En matières possessoires,
ou pour dommages faits aux champs, fruits et récoltes; réparations locatives; indemnités prétendues pour le fermier ou locataire pour non-jouissance, lorsque le droit n'est pas contesté; enfin
pour dégradations alléguées par le propriétaire,
la citation appelle le défendeur devant le juge de
paix de l'objet litigieux. Cet ordre est absolument
le même que celui qui fut tracé par la loi d'octobre 1790.

La citation est notifiée par l'huissier du juge
de paix du domicile du défendeur, ou par tout
autre commis pour l'empêchement du premier.
Copie en est laissée à la partie, ou en son domicile, avec mention de la personne à qui cette
copie est remise. Mais si l'huissier ne trouve personne au domicile, il remet la copie au maire de
la commune ou à son adjoint, lequel vise l'original sans frais. — L'huissier ne peut instrumenter
pour ses parents en ligne directe, ni pour ses
frères et sœurs ou alliés, au même degré. En ce
cas, comme pour tout autre empêchement de l'huis-

sier , le juge de paix en commet un autre par une simple cédule qui contient citation au défendeur, et non par une ordonnance notifiée spécialement. .

Le délai donné par une citation qui appelle une partie en jugement, est au moins d'un jour, (non compris ceux de la citation et de l'audience), pour la partie domiciliée dans la distance de trois myriamètres Mais la citation tendant à une conciliation doit être donnée à trois jours francs, ce qui en emporte cinq. *V*. Délais, Cédule. _

En général , les citations étant de véritables ajournements par leur nature et leur forme , sont sujettes aux nullités prononcées par le nouveau code. (*V. les articles* 61, 64 *et* 66 *du Code de procédure. V. aussi* Nullités.)

Au reste , les procédures et les actes nuls ou frustratoires sont à la charge des officiers ministériels qui les ont faits, lesquels, suivant l'exigence des cas, sont en outre passibles des dommages-intérêts des parties. (*Art.* 1031 *du même code.*)

La citation donnée en conciliation, a l'effet d'interrompre là prescription ; cependant si cette citation était annulée, l'interrruption serait non avenue. *V. l'art.* 57 *ibidem.*

Clôtures, *V*. Violation de clôtures.

Comestibles gatés ou corrompus (*Ventes de*). *V*. Contraventions réglées par des lois particulières.

Commerce. Les juges de paix ont toujours eu, depuis leur création , quelques attributions dans les affaires de commerce et maritimes. Elles ont été même assez étendues à l'égard des prises, des

6.

naufrages, etc. Mais cette législation est changée. Le code de commerce et plusieurs lois précédentes n'ont conservé aux juges de paix, que des actes isolés et non contentieux, dont l'analyse va composer cet article.

1° *A défaut* du président du tribunal de commerce, le juge de paix nomme, par ordonnance sur requête, des experts pour vérifier l'état des marchandises, au sujet desquelles il y a contestation sur la qualité ou refus de les recevoir à leur arrivée. (*Article* 106, *Code de commerce.*)

2° Le juge de paix, à défaut de tribunal de commerce, autorise le capitaine d'un vaisseau ou navire, à emprunter sur corps et quille, à mettre en gage, ou vendre des marchandises jusqu'à concurrence de la somme qu'exigent les besoins *constatés* par procès verbal signé des principaux de l'équipage. Cependant cette autorisation ne s'accorde qu'en cas de nécessité, de radoub, ou d'achat de victuailles, (*Article* 234 *ibidem.*)

3° Dans les lieux où il n'y a pas de tribunal de commerce, le juge de paix reçoit le rapport que le capitaine de navire doit faire dans les vingt-quatre heures de son arrivée. Mais il doit envoyer ce rapport sans délai au président du tribunal de commerce, pour être déposé au greffe. (*Article* 243 *ibidem.*)

4° Dans les mêmes lieux encore, où il n'y a pas de tribunal de commerce, c'est au juge de paix à faire constater les pertes et dommages éprouvés pendant la traversée d'un navire, soit

par des avaries simples, soit par le jet en mer occasioné par la tempête, ou la chasse de l'ennemi.
Pour cela il nomme des experts, qui en sa présence
estiment les pertes et avaries, sur le lieu même où
le navire est en déchargement. (*Art.* 414 *ibidem.*)

5° En vertu d'un jugement de commerce ou
sur la notoriété acquise, le juge de paix appose
les scellés sur les magasins, comptoirs, caisses,
portefeuilles, livres, registres, papiers, meubles
et effets d'un commerçant en état de faillite, et
même s'il y a société collective, il appose les scellés
dans le domicile de chacun des associés. (*Art.*
449 *à* 452 *ibidem.*)

6° Lors de la levée, le juge de paix assiste à
l'inventaire de tout ce qui est trouvé sous ses
scellés, qu'il ne reconnaît qu'à mesure que l'inventaire se fait par les syndics provisoires du failli.
Il signe cet inventaire à chaque vacation.

Ces deux derniers points m'ont paru mériter
quelques développements, que j'ai faits par des
articles séparés. *V.* Scellés en cas de faillite,
Levée de scellés provisoire, Inventaire après
faillite.

Voilà toutes les attributions actuelles des juges
de paix en matière de commerce. En vain l'auteur
du Manuel des juges de paix leur attribue le droit
de juger les contestations entre les commerçants
et les voituriers; ils n'ont d'autre compétence à
cet égard que celle de nommer, à défaut du président du tribunal de commerce (ainsi que je l'ai
déjà dit), des experts pour constater l'état des
marchandises avariées; mais après que ces experts

ont prêté serment devant le juge de paix , tout est terminé pour lui ; le paiement de la voiture , les indemnités , les avaries sont exclusivement de la compétence des tribunaux de commerce ; la nature même de la chose le veut ainsi. D'ailleurs , on ne doit jamais perdre de vue que les juges de paix étant des juges d'exception, ne peuvent connaître que des causes qui leur sont nommément attribuées par les lois. Or, loin que le code de commerce leur donne le droit de juger les causes entre les commerçants et les rouliers , il place au contraire ces contestations dans les attributions des juges de commerce. D'abord la lettre de voiture forme un contrat entre l'expéditeur et le voiturier , ou entre l'expéditeur , le commissionnaire et le voiturier. (*Article* 101 , *Code de commerce.*)

Or, qui doit connaître des actes de commerce? Le même code , *article* 631 , répond : « Les tribunaux de commerce connaîtront 1°, etc., 2° *entre toutes personnes* , des contestations relatives aux *actes de commerce.* »

Sont réputés *actes de commerce*, 1°, etc., toute entreprise de manufacture, de commission et *transport par terre et par eau.* (*Art.* 632 *ibidem.*)

Commissaires de police. Ce sont des officiers qui exercent à-la-fois des fonctions administratives et des fonctions judiciaires. Je ne dois traiter ici que de celles qu'ils exercent près des juges de paix.

Ils sont spécialement chargés de rechercher les délits ou contraventions de police , même celles confiées à la surveillance des gardes champêtres

et forestiers, à l'égard desquels ils ont concurrence et prévention. Ils dressent des procès-verbaux de ces faits , mais ils ne sont pas obligés de
les affirmer devant les maires, ni devant les juges
de paix. Ils poursuivent d'office et à leur requête
devant le tribunal de police , la répression de
toutes contraventions, constatées soit par eux ,
soit par les gardes champêtres ; à cet effet, ces
agents remettent, dans les vingt-quatre heures ,
leurs rapports aux commissaires de police. Ceux-ci
doivent enfin recevoir les rapports , dénonciations et plaintes des particuliers relatives à des
contraventions.

Les procès verbaux des commissaires de police
doivent établir clairement la nature et les circonstances de la contravention , le temps et le
lieu où elle aura été commise, les preuves et les
indices à la charge du prévenu ; et s'il est présent,
le commissaire doit l'interpeller sur les faits et
circonstances, ainsi que sur tout ce qui peut concourir à la manifestation de la vérité. Il doit
encore le requérir de signer ses réponses , ou de
déclarer s'il ne le peut, ou s'il ne le veut , et d'assister à la rédaction du procès-verbal.

Le ministère public est exercé près les tribunaux
de police , par les commissaires, dans toutes les
causes qui y sont poursuivies. Ils entendent la
lecture à l'audience, des pièces, rapports ou procès-
verbaux, les défenses du prévenu , les réponses
de la partie civile, s'il y en a , et les dépositions
des témoins ; ils demandent au juge de paix qui
préside le tribunal , de faire les interpellations

qu'ils croient nécessaires aux prévenus et aux témoins; mais ils ne peuvent les faire eux-mêmes,
le juge de paix ayant seul la police de l'audience.
Les commissaires, après l'instruction terminée,
résument les circonstances, les faits, les points
de droit que présentent les causes, donnent leurs
conclusions pour l'application de la peine, pour
le paiement des indemnités ou pour l'absolution
du prévenu. Et, si l'instruction ne leur paraît pas
complette, ils peuvent requérir telles mesures
préparatoires ou interlocutoires qu'ils croient
convenables pour découvrir entièrement la culpabilité ou l'innocence du prévenu. Mais si les
parties faisaient quelques demandes contraires aux
lois ou à l'ordre, ils doivent s'y opposer.

Enfin, il appartient au commissaire de police de
demander la nullité d'un acte fait en la cause, et
même celle de la procédure entière, s'il y a lieu.
Mais en ce cas, il ne doit pas oublier que les nullités
sont de rigueur, qu'il ne peut en être prononcé
par le juge, si la loi ne les a d'abord prononcées
formellement, et qu'enfin un acte irrégulier ou
mal rédigé, n'est pas nul par céla seul.

Quand les juges de police ont prononcé (ce
qu'ils font indépendamment des conclusions du
ministère public, suivant qu'ils le jugent à propos),
leurs jugements sont exécutés, soit par le commissaire de police, soit par la partie civile, chacun
en ce qui le concerne. (*V. l'article* 165 *du Code
d'instruction criminelle.*)

Ainsi, le commissaire peut faire signifier à
sa requête tous ceux des jugements dans lesquels

il n'y a point de partie civile. Si la partie condamnée n'a point fait appel dans les dix jours, ou si le jugement est en dernier ressort, elle peut, après ce délai, être contrainte de deux manières, 1° pour toute peine pécuniaire, amende ou confiscation, à la requête de la régie de l'enregistrement et à la diligence de son receveur, auquel à cet effet il est délivré des extraits des jugements par le greffier; 2° pour la peine de prison : la saisie du condamné et son écrou se font à la requête du commissaire de police.

Lorsqu'un juge de paix a prononcé d'une manière contraire aux conclusions du commissaire, celui-ci peut faire appel, si le jugement est en première instance; et s'il lui paraît que la loi a été mal appliquée, ou violée, il peut se pourvoir en cassation contre les jugements en dernier ressort. Mais un commissaire de police ne peut jamais être anticipé, ni paraître lui-même sur son appel, ou sur son pourvoi; le ministère public est indivisible; le procureur du roi réprésente de plein droit, sur l'appel, le commissaire; et de même en cassation, il est représenté par le procureur général de la cour suprême.

Dans toutes choses relatives à ces différentes fonctions, les commissaires de police sont indépendants de l'autorité administrative ; ils sont à cet égard placés dans la hiérarchie judiciaire, et subordonnés aux procureurs du roi et aux procureurs généraux ; c'est de ces magistrats seuls qu'ils reçoivent des instructions et des ordres sur l'exercice du ministère public. Ainsi un maire ne peut ordonner à un commissaire de police de porter d'office telle ou telle plainte, ni l'empêcher de poursuivre une action déjà introduite ; de pareilles mesures caractérisaient un abus de pouvoir, parce que l'autorité administrative ne doit nullement empiéter sur l'autorité judiciaire. (*V. l'article* 131 *du Code pénal qui prononce des peines à cet égard.*)

S'il n'y a point de commissaire de police dans une commune chef-lieu de canton, le ministère public près le tribunal de police du juge de paix est exercé par le maire, ou sur son empêchement, ou sur sa délégation, par l'adjoint ; l'un ou l'autre exerce alors les fonctions du commissaire de police dans toute leur étendue. (*Art.* 144, *Code d'instruction criminelle.*)

Mais quand il est établi dans une commune non chef-lieu, une justice de police, présidée par le maire, alors l'adjoint seul y exerce le ministère public ; et s'il est absent ou empêché, un membre du conseil municipal le supplée. (*Articles* 166 *et* 167, *ibidem.*) Ceux qui désireront connaître les attributions de ces sortes de juridictions, peuvent consulter *mon commentaire sur la législation de simple police, contenant les formules pour les maires et adjoints dans tous les actes qu'ils peuvent faire.*

Comparution. C'est la présentation des parties devant le juge de paix. On la divise en comparution forcée et en comparution volontaire. Je ne traiterai ici que de la première ; l'autre fera le sujet de l'article suivant.

La comparution ordinaire se fait aux audiences des juges de paix, en vertu d'une citation, et quelquefois d'une cédule, tant au civil qu'en police. Les parties paraissent en personnes ou par fondés de pouvoirs suffisants. Tout citoyen français et majeur peut représenter une partie devant le juge de paix ; les exceptions ou prohibitions de personnes, établies sur ce point par la loi d'octobre 1790, n'existent plus. Quant à la nature du pouvoir dont le mandataire doit être revêtu, il est ou spécial ou général dans les causes ou jugemens ; mais dans les conciliations il doit être toujours fait *ad hoc*, avec autorisation spéciale de traiter ou de transiger : autrement le juge doit le rejeter. Un avoué même, nanti de la citation donnée à sa partie, n'est point autorisé par sa qualité à la représenter en conciliation ; il lui faut un pouvoir comme à tout autre : la disposition de la loi est générale. Mais si l'avoué est assisté de la partie, il doit être entendu pour elle, parce que sa comparution personnelle remplit l'alternative donnée par la loi.

Les parties sont entendues à l'instant de leurs comparutions, mais verbalement, sans signifier de défenses ; elles sont jugées sur-le-champ ou à la première audience. S'il y a des pièces présentées, le juge peut se les faire remettre pour en faire un examen attentif ; alors il ordonne un délibéré, et fixe le jour auquel il rendra son jugement définitif. Il n'est plus obligé de se livrer de suite, audience tenante, à l'examen des pièces, ainsi que le proscrivait la loi d'octobre 1790.

S'il y a lieu d'ordonner un jugement préparatoire, l'exécution doit en être faite à la diligence du demandeur, ou même de celle du défendeur, avant que le jugement définitif puisse être rendu : il est ordinairement prononcé à la même audience où se fait l'exécution du préparatoire. Mais si c'est un jugement interlocutoire qui a été ordonné, la cause doit être jugée au plus tard dans les quatre mois suivants. Ce délai est de rigueur, et son inobservation emporte la péremption de la cause de plein droit, même la nullité du jugement qui serait rendu après ce terme; enfin le juge est passible de dommages-intérêts, si la cause est périmée par sa faute. (*V. l'art.* 15 *du Code de procédure.*)

Je dois me dispenser de retracer ici plusieurs autres principes qui se rattachent naturellement à la comparution des parties, parce que ce serait une répétition fastidieuse de plusieurs articles, dans lesquels j'ai dû leur donner une place nécessaire. *V.* Audience. Pour l'ordre et la police de la comparution, et pour ses variations et ses circonstances, *V.* Jugements.

Comparution volontaire. C'est celle que les parties ont le droit de faire spontanément, sans aucun acte de procédure, pour demander jugement aux juges de paix. Cette faculté est une exception singulière aux règles établies depuis des siècles dans l'administration de la justice; mais elle est à-la-fois un acte de bienfaisance pour les parties indigentes, et un moyen très-simple de pacification pour les personnes aisées, dont le bon esprit est loin de leur inspirer de l'entêtement sur leurs prétentions.

La comparution volontaire a pris naissance dans la loi organique des formes de procéder devant les juges de paix. L'article 11 du titre 1er portait : « Les parties pourront toujours se présenter *volontairement et sans citation* devant le juge de paix, en déclarant qu'elles lui demandent jugement : auquel cas il pourra juger seul leur différend, soit sans appel dans les matières où sa compétence est en dernier ressort, soit à charge d'appel dans celles qui excèdent sa compétence en dernier ressort; et cela, encore qu'il ne fût le juge naturel des parties, ni à raison du domicile du défendeur, ni à raison de la situation de l'objet litigieux. »

Ces dispositions claires et simples n'ont point fait naître d'incidents ni de procès (du moins à ma connaissance), pendant que la loi du 26 octobre 1790 a subsisté. Mais il n'en a pas été ainsi depuis que le code de procédure civile a remplacé cette première loi, et modifié sur plusieurs points ses principes conciliateurs. On a souvent critiqué l'article 7 de ce nouveau code, parce qu'il est encore plus expressif que la loi ancienne, et qu'il donne de l'extension à cette partie de la compétence des juges de paix. Nous en rapporterons le texte pour en mieux raisonner.

« Les parties pourront toujours se présenter volontairement devant un juge de paix; auquel cas il jugera leur différend, soit en dernier ressort, si les lois *ou les parties l'y autorisent*, soit à charge de l'appel *encore qu'il ne fût le juge naturel des parties.* »

· Que doit décider le juge? le différend des plaideurs qui se présentent spontanément? quelle est la nature de ce différend? La loi ne fixe ni n'excepte rien; elle a donc voulu que le juge prononçât sur toutes contestations qu'il est *possible* de décider en justice de paix : je dis possible, parce que toutes causes sujettes à la communication du ministère public, et toutes affaires sur lesquelles on ne peut transiger, ne peuvent nullement être réglées par les juges de paix, même sur la demande des parties. Mais, sauf ces exceptions, on peut autoriser un juge de paix à décider sur tous les autres différends.

C'est l'esprit naturel de ce texte : il jugera leur différend si les lois *ou les parties l'y autorisent.* C'est aussi ce que la cour de Turin a jugé le 29 ventose an 12.

S'il en était autrement, et si un juge de paix ne pouvait sur la demande des parties sortir de la sphère de sa compétence ordinaire, à quoi bon exiger une autorisation des parties? Est-ce que la loi n'est pas plus forte que la volonté des individus? Que deviendraient les lois si, pour être exécutées, elles devaient recevoir la sanction de ceux qu'elles doivent atteindre? Leur pouvoir serait nul comme celui des magistrats.

Ne supposons donc pas une absurdité dans la loi; respectons-la, en l'expliquant naturellement. Disons : puis qu'elle exige *une autorisation des parties* pour saisir le juge, c'est donc pour lui donner un pouvoir extraordinaire; ce n'est donc pas pour lui confirmer simplement la compétence ordinaire dont il est investi par la seule force de la loi; et c'est mieux que cette compétence qu'on lui confère par une autorisation spéciale.

Eh! la loi ne le dit-elle pas seule par ces mots, *encore qu'il ne fût le juge naturel des parties?* Voilà le pouvoir unique expliqué, la compétence extraordinaire déclarée; voilà un changement formel dans l'ordre général qui avait interdit constamment aux parties de choisir leurs juges; il en est donc de même *de l'autorisation* qu'elles peuvent donner au magistrat choisi, pour décider au-delà de ses attributions ordinaires.

Rétrécir ce sens naturel, c'est rendre sans objet le texte de la loi; c'est le faire rentrer dans un ordre général, auquel il déroge formellement. Mais ce n'est pas l'intérêt de la loi qui s'agite ici: on n'a pas manqué de voir très-clairement dans l'article 9 du même code, par son silence même, un changement d'ordre complet pour la représentation des parties, et l'on a eu raison; mais comment ne pas voir ce même changement d'ordre dans les dispositions si précises de l'article 7; changement qui s'étend jusqu'à la personne du juge?

C'est ce que la cour de cassation a jugé par arrêt du 3 octobre 1808. Elle a décidé qu'un juge de paix incompétent, *vel ratione domicilii, vel ratione materiæ*, était régulièrement saisi d'un litige par une déclaration signée des parties; qu'alors il pouvait rendre un jugement authentique sans faire signer aux parties les conventions qu'elles avaient faites ensuite devant lui, la signature du juge étant seule suffisante.

Quant au mode de constater la déclaration des parties qui demandent jugement sur une comparution volontaire, il suffit que le juge la fasse écrire par son greffier sur la feuille d'audience, en tête du jugement qu'il doit rendre. On doit y expliquer sommairement l'objet de la contestation, la nature du jugement demandé, c'est-à-dire, s'il doit être en première instance ou en dernier ressort, enfin on y fait mention de la signature des parties ou de leur déclaration qu'elles ne la savent faire.

Compensation. C'est la confusion d'une dette liquide avec une autre qui l'est également. Il est fort commun de voir proposer la compensation dans les causes qui se jugent en justice de paix. Le juge en décide *secundùm allegata et probata;* mais il doit observer plusieurs règles prescrites sur cette matière. Il en est qui sont absolument nouvelles en législation; les autres nous viennent de l'ancienne jurisprudence et du droit romain.

La règle génerale est, que nulle compensation n'a lieu qu'entre deux dettes qui ont l'une et l'autre pour objet une somme fixe et liquide, ou une certaine quantité de choses de la même espèce, également liquides et exigibles. Tel est l'esprit du nouveau code civil (*art.* 1291), et tel était celui de l'ancienne loi. *Quià fit tantùm compensatio ex specie pari, ut pecunia compensetur cum pecuniâ, aurum cum auro, frumentum cum frumento.*

La condition d'exigibilité actuelle des choses qui peuvent se compenser, n'empêchait pas autrefois d'admettre en compensation celles qui pouvaient être liquidées, dans peu de jours, sans discussion. *Ex æquitate extendi potest compensatio ad ea quæ facilè et intra breve tempus possunt liquidari, si nulla ratio contrarium suadeat.* Cette légère extension, si c'en est une, doit encore être admise, notamment pour les prestations en grains ou denrées, non contestées, et dont le prix est réglé par les mercuriales. (*Même article* 1291.)

Deuxième règle. La compensation s'opère de plein droit par la seule force de la loi, même à l'insu des débiteurs. Les deux dettes s'éteignent réciproquement à l'instant où elles se trouvent exister à-la-fois, jusqu'à concurrence de leurs quotités respectives. Cette disposition de l'art. 1290 est établie d'après la loi, § 21 *de compensationibus.* Il est difficile de l'appliquer autrement qu'à des dettes établies par titres authentiques ou privés, parce qu'elles seules sont connues, justifiées et liquides.

Troisième règle. Il y a lieu à compensation, quelles que soient les causes de l'une ou l'autre des dettes. Le terme de grâce n'est pas même un obstacle à la compensation.(*Articles* 1292 *et* 1293.)

Quatrième règle. On peut compenser deux dettes qui ne sont pas payables au même lieu, en faisant raison des frais de la remise. S'il y a plusieurs dettes compensables dues par la même personne, on suit à cet égard, l'ordre établi pour l'imputation simple, par l'article 1256 du même code. (*Articles* 1296 *et* 1297. *V.* Imputation.)

Cinquième règle. La compensation a lieu de plein droit, entre une créance fondée sur un titre exécutoire, et celle qui ne résulte que d'une obligation sous signature privée, non contestée. Ainsi jugé par arrêt de la cour de cassation du 28 messidor an 13. (Denevers, *an* 14, *page première.*)

Sixième règle. On peut opposer la compensation en tout état de cause; jusqu'au jugement définitif, c'est ce que la même cour a jugé par autre arrêt du 4 août 1806. (Denevers, *an* 1806, *page* 527.)

Mais la compensation ne peut avoir lieu, sur une demande en restitution d'une chose dont le propriétaire a été injustement dépouillé; sur une action en restitution d'un dépôt, ou pour prêt à usage, ou pour des aliments, toujours insaisissables.

Un débiteur solidaire ne peut opposer la compensation de ce que le créancier doit à son codébiteur. De même le débiteur principal ne peut compenser ce que le créancier doit à la caution. Mais la caution peut le faire pour ce que le créancier doit au débiteur principal. (*Article* 1294, *Code civil*).

Enfin la compensation est inadmissible pour des comptes courants, parce que leurs débits et crédits subissent journellement des variations. C'est du moins ce qui a été jugé par arrêt de la cour de cassation du 6 frimaire an 13.

Compétence. C'est le droit du juge de connaître

de telles causes, ou d'exercer certaines attributions. Celle des juges de paix est très-variée. On la distingue en judiciaire ou contentieuse et en extrajudiciaire ou non contentieuse.

La partie judiciaire s'étend sur un certain nombre de faits civils, d'autant plus grand, que les causes proviennent des rapports habituels de la classe du peuple la plus nombreuse. Ce sont principalement les actions personnelles, mobilières, possessoires, etc., etc., dont je traite en cet ouvrage par des articles séparés.

Cette partie contentieuse s'étend encore sur plusieurs causes d'exceptions, comme celles relatives aux douanes, aux octrois, aux brevets d'inventions, etc. Tout cela est déterminé par des lois spéciales. — Enfin la partie judiciaire s'étend sur les contraventions en matière de police, qui sont classées en partie par le dernier code pénal. Mais il en est beaucoup d'autres qu'il n'a pas prévues, quoiqu'établies par des lois plus anciennes, dont les dispositions continuent encore à être suivies, en vertu d'une disposition de ce nouveau code, (de l'art. 444.) *V*. POLICE SIMPLE, CONTRAVENTIONS RÉGLÉES PAR DES LOIS PARTICULIÈRES.

En général, tout ce qui compose la partie judiciaire et contentieuse des attributions des juges de paix, doit être considérée comme de véritables matières sommaires, qui doivent se juger par des formes abrégées. *Summariè et de plano, sine strepitu, formá et figurá judicii.* Cela est même de rigueur, puisque les lois ont interdit toutes défenses écrites devant les juges de paix.

Quant à la partie extrajudiciaire, elle comprend tout ce qui n'est pas contentieux, comme les conciliations, les appositions et levées de scellés, les nominations de tuteurs, curateurs ; les émancipations, les destitutions de la tutelle et leurs conservations; les autorisations d'emprunter, vendre, aliéner, transiger pour les mineurs, et pour les autoriser à contracter mariage ; les actes de notoriété sur divers faits ; la réception des plaintes et dénonciations en matières criminelles ou correctionnelles; les visites, perquisitions, auditions de témoins et interrogatoires en cas de flagrant délit, ou sur la réquisition d'un chef de maison ; les réceptions des serments de plusieurs gardes, employés, préposés, agents, etc., etc.

On voit que les attributions diverses des juges de paix sont assez nombreuses, mais elles l'ont été davantage encore. La police de sûreté a été presque tout entière entre les mains de ces magistrats, depuis la loi de septembre 1791 jusqu'à celle du 7 pluviose an 9. Ils étaient même alors juges correctionnels. Cette dernière compétence exigeait cependant, par sa nature, une division de pouvoirs, que sa complication avec des éléments contraires rendait très-défectueuse. Il était donc sage de retirer aux juges de paix la police correctionnelle. D'ailleurs, il leur reste encore assez d'autres fonctions pour exercer tout leur zèle et toute leur activité.

Cependant il serait désirable et certainement avantageux que, sans rien déranger à l'ordre maintenant établi, le taux seul de la compétence des

juges de paix fût élevé en matière civile et en première instance. La loi primitive en a prévu le
besoin et en a laissé la faculté. Les assemblées
législatives ont successivement ajouté aux choses
soumises à la juridiction des juges de paix. La
convention avait même été jusqu'à décider en
principe (1), que les juges de paix connaîtraient
de tous billets, obligations, promesses, non contestés, jusqu'à une valeur illimitée, et des mêmes
quand ils seraient contestés, à charge de l'appel.
Cette mesure m'a paru extrême, mais une autorité
qui me convient mieux est celle de la cour de
cassation, laquelle, toutes les chambres assemblées,
proposa il y a quelques années au gouvernement,
d'élever la compétence des magistrats de paix.

Qu'il me soit permis de dire ici que, dans une
foule de causes personnelles et mobilières, dont
la valeur excède de très-peu les 100 francs déterminés pour le dernier degré de la compétence
de la justice pacifique, il se fait des frais souvent
plus considérables que le principal; des faux frais
qui n'entrent jamais en taxe; des déplacements
réitérés, qui font perdre aux habitants des campagnes un temps précieux; des lenteurs néces-
sitées par les formes même des tribunaux de
première instance; des exceptions, des incidents
produits par l'astuce des plaideurs : tout cela
anéantit souvent le fond par les formes. C'est
par ces motifs que la cour suprême avait proposé

____

(1) *Décret du* 18 *brumaire an* 2, resté sans mode d'exécution.

d'élever jusqu'à 3oo francs, à charge d'appel, la compétence des juges de paix des villes, et à 2oo francs, celle des juges de paix des campagnes.

Mais pour leur compétence en dernier ressort, je ne pense pas qu'il soit nécessaire d'y rien changer, du moins au civil, et voici mes motifs : 1° les juges de paix, quoiqu'en général instruits, ne sont pas tous jurisconsultes : sous ce premier rapport, on doit avoir plus de latitude d'appeler de leurs jugements ; 2° en général, les appels ne sont pas fréquents : le plus grand nombre des jugements, quoiqu'en première instance, s'exécute à l'issue des audiences où ils sont prononcés ; or je dis que là où la confiance publique opère seule, il n'est pas besoin de la force de la loi ; 3° l'exécution provisoire pure et simple accordée jusqu'à 3oo francs, aux jugements susceptibles d'appel, est souvent aussi efficace que le pouvoir de juger en dernier ressort : beaucoup de plaideurs sont dégoûtés de plaider quand ils ont à craindre de payer, avant tout, le principal et les accessoires de la première condamnation, paiement qu'il faut faire sans la garantie d'une caution, et souvent envers des artisans peu solvables ; 4° enfin la délicatesse de conscience du magistrat de paix doit être satisfaite, quand il est assuré qu'une erreur qui peut lui être échappée, est du moins susceptible d'une réforme.

On me pardonnera, je pense, cette petite digression, en faveur du motif qu'il l'a fait naître, l'utilité publique. Je reviens à la compétence actuelle : je traite dans cet ouvrage de toutes les parties qu'elle embrasse dans ses différentes divisions et dans tous ses détails. Presque tous forment des articles séparés , *voyez*-les.

Je termine celui-ci par une règle générale. C'est toujours la somme à laquelle le demandeur conclut, qui détermine la compétence des juges de paix en matières civiles, même possessoires. L'esprit de chicane a voulu plus d'une fois mettre cette règle en problème, en affectant une prétendue confusion du pétitoire avec le possessoire ; mais la cour de cassation a su faire respecter le principe dans toute son étendue, par six arrêts uniformes, qui ont décidé que ce n'est pas à la valeur de la chose dont la possession est invoquée, qu'il faut s'attacher pour fixer la compétence du juge de paix en matière possessoire, mais bien à la somme demandée par le possesseur, *V. Journal de Sirey, an* 13, *le Dictionnaire des arrêts, le Code de procédure annoté*, et *l'article* ACTIONS POSSESSOIRES.

Cette cour a même décidé que ce n'est point d'après la demande originaire , mais bien d'après celle réduite incidemment dans le cours de la cause , qu'il faut déterminer la compétence du tribunal de paix. Cet arrêt est du 17 fructidor an 12. Ainsi le demandeur au possessoire qui a formé une demande susceptible d'être jugée en première instance, peut la réduire à l'audience de manière à être jugée en dernier ressort. Cela n'est qu'une conséquence d'une autre règle générale, confirmée par la législation actuelle, d'après laquelle tout demandeur peut changer, modifier et augmenter ses conclusions jusqu'au jugement définitif.

COMPLAINTE. *V*. ACTIONS POSSESSOIRES.

CONCILIATION. C'est la plus douce et la plus noble fonction d'un juge de paix, mais ce n'est pas la plus facile. Cette institution bienfaisante manquait à la France, comme elle a manqué à des peuples célèbres pendant une longue suite de siècles, tant il est vrai que les choses les plus simples sont souvent celles qui s'éloignent le plus de l'esprit humain. Cependant, ce beau passage de l'orateur romain, *convenit à litibus quantùm licet, et nescio an paulò plus etiam quàm licet, abhorrentem esse : est enim non modò liberale paululùm nonnunquam de suo jure decedere, sed interdùm etiam fructuosum* (1); ce beau passage, disous-nous, était bien propre à faire naître chez un peuple plein de génie, l'idée d'une magistrature qui, par l'empire de la persuasion, tempérât les haines, les intérêts, les rivalités qui se reproduisent sans cesse depuis l'enfance du monde, et qui enfantent tant de discussions honteuses.

L'assemblée constituante eut cette heureuse idée, elle créa la conciliation comme un sage intermédiaire entre les plaideurs et les tribunaux; elle défendit d'ouvrir le temple de Thémis à celui qui n'aurait pas entré d'abord dans celui de la Concorde, pour y entendre les réflexions du calme, de la vérité, de l'impartialité.

(1) *Cic. de offic. lib.* II, *c.* VIII.

L'auguste ministère de conciliateur a été diversement rempli. Des bureaux de conciliation avaient d'abord été établis près des juges de paix, qui les composaient avec leurs assesseurs; d'autres étaient établis près des tribunaux de première instance (alors des districts). Maintenant les juges de paix sont les seuls pacificateurs légaux, chacun dans son canton.

En général, toutes les causes civiles étaient d'abord assujetties au préliminaire de la conciliation; un très-petit nombre en était excepté par sa nature. Mais les choses sont bien changées ; il existe à présent de nombreuses exceptions qui souvent, j'ose le dire, portent de rudes atteintes à l'institution même. Voici les textes de la loi nouvelle.

« Aucune demande principale introductive d'instance entre parties capables de transiger, et sur des objets qui peuvent être la matière d'une transaction, ne sera reçue dans les tribunaux de première instance, que le défendeur n'ait été préalablement appelé en conciliation devant le juge de paix , ou que les parties n'y aient volontairement comparu. » (*Article* 48 , *Code de procédure.*)

« Sont dispensées du préliminaire de la conciliation , les demandes qui intéressent l'état et le domaine , les communes , les établissements publics , les mineurs , les interdits , les curateurs aux successions vacantes; les demandes qui requièrent célérité ; les demandes en intervention ou en garantie; celles en matière de commerce et de

mise en liberté ; celles en main-levée de saisie ou
opposition, en paiement de loyers, fermages ou
arrérages de rentes ou pensions; celles des avoués
en paiement de frais; les demandes formées contre
plus de deux parties, encore qu'elles aient le même
intérêt ; les actions en vérification d'écritures,
en désaveu, en réglement de juges, en renvoi, en
prise à partie ; celles contre un tiers saisi, et en
général sur les saisies, sur les offres réelles, sur
la remise des titres, sur leur communication, sur
les séparations de biens, sur les tutelles et cura-
telles ; et enfin toutes les causes exceptées par les
lois. » (*Art.*49, *ibid.*) *V.* pour ces exceptions particulières, *les articles* 320, 345, 566, 570, 718,
839, 856, 871 *et* 883 *du même Code.*

La seule lecture de ces textes prouve très-bien,
sans que je le dise, que les cas où la conciliation existe encore, sont assez rares, dans toutes
les matières qui ne sont pas de la compétence des
juges de paix. Cependant, et nous devons le dire,
la comparution volontaire heureusement conservée, produit encore un assez grand nombre de
conciliations, qui, le plus souvent, se font et
s'exécutent verbalement. Le juge de paix, peut
même dans toutes les causes civiles qui sont de
sa compétence, proposer la conciliation jusqu'au
moment où il doit prononcer son jugement
V. Juges de paix.

En matières pures personnelles et réelles, qui
sont de la compétence des tribunaux de première
instance, le défendeur est cité en conciliation
devant le juge de paix de son domicile ; s'il y a

deux défendeurs devant le juge de l'un d'eux au choix du demandeur ;

En matière de société, autre que celle de commerce, devant le juge du lieu où elle est établie;

Pour actions de partage d'une communauté conjugale, devant le juge de paix du domicile des époux, au temps de la dissolution de la communauté;

Et en matière de successions, sur les demandes entre héritiers, jusqu'au partage exclusivement; sur les demandes qui seraient intentées par les créanciers du défunt avant le partage ; sur les demandes relatives à l'exécution des dispositions à cause de mort, jusqu'au jugement définitif , devant le juge de paix du lieu où la succession est ouverte. (*Art. 5o du même Code.*)

Le délai qui est donné sur la citation pour se concilier, est de trois jours au moins, non compris celui de sa date et le jour de l'audience (1). Elle est signifiée par un huissier de la justice de paix du défendeur , ou par un autre commis spécialement par le juge de paix. Elle énonce sommairement l'objet de la conciliation. Elle contient d'ailleurs toutes les formalités prescrites pour les citations ordinaires. *V*. Citation.

Au jour fixé pour la comparution , les parties se présentent devant le juge de paix, en personne

______

(1)*Art.* 5i, *Code de procéd.* — Cependant, si la partie citée était domiciliée au-delà de trois myriamètres, on devrait ajouter un jour par trois myriamètres excédant les premiers. (*Art.* 1o33 *ibid.*)

ou *par fondés de pouvoirs*, qui doivent être por-teurs d'un mandat contenant autorisation de faire ce que la partie aurait dû ou pu opérer elle-même en se présentant. J'ai cependant vu prétendre et même juger qu'une procuration donnée en ces termes : « Je donne pouvoir à M.... de comparaître pour moi devant le juge de paix de.... sur la cita-tion que j'ai fait donner à B. *sur tel objet,* et en cas de non conciliation, d'en lever le procès verbal et de poursuivre ma demande devant juges compé-tents ; » j'ai vu juger, dis-je, qu'une telle pro-curation était suffisante pour représenter une par-tie en conciliation.

Si c'est uniquement pour comparaître devant un juge de paix et pour obtenir un procès verbal négatif, que la conciliation est établie, je dis qu'un tel pouvoir est en effet suffisant. Mais si c'est au contraire pour parvenir à traiter, transiger et éteindre les procès, je dis au contraire, que ce mandat est nul et ridicule. Pourquoi donc cette sage institution est-elle établie ? La loi créatrice répond en ces termes : « Les affaires dont le juge-ment n'appartient ni aux tribunaux de commerce, ni aux juges de paix, soit en dernier ressort, soit à charge d'appel, sont immédiatement portées devant le juge de paix *pour être conciliées.* » Il y a donc autre chose à faire devant le médiateur qu'à comparaître.

L'article 48 du nouveau code répond encore, « que c'est entre parties capables *de transiger,* et sur des objets qui peuvent être la matière *d'une transaction,* que les parties doivent être traduites en conciliation. » Aussi la cour de cassation, en confirmant un arrêt de celle de Poitiers, a jugé, le 10 mars 1814, que le mari même, quoique se portant fort pour son épouse, doit avoir pouvoir spécial de *transiger* si son adversaire exige devant le juge de paix la représentation d'un tel mandat. *V.* Sirey, *tom. 15, première partie, page* 164; *et* Denevers, *tom. 12, première partie, page* 391.

L'article 54 du même code de procédure ajoute : « Lors de la comparution, le demandeur pourra expliquer, même augmenter sa demande, et le défendeur former celles qu'il jugera convenables : le procès verbal qui en sera dressé, contiendra *les conditions de l'arrangement, s'il y en a :* dans le cas contraire, il sera sommairement fait mention que les parties n'ont pu s'accorder. »

C'est donc pour transiger, traiter, se concilier, s'arranger, que les parties sont appelées devant le pacificateur ; ce sont les propres termes des lois anciennes et nouvelles. Or, pour faire tout cela, un mandataire peut-il être dispensé d'une autorisation *spéciale?* non sans doute. Tout mandataire ne peut exécuter autre chose que *la lettre* de son mandat; c'est là sa règle unique. (*Article* 1989, *Code civil.*) Ainsi celui qui représente une partie appelée pour se concilier, traiter ou transiger, doit avoir une autorisation de faire tout ce qu'aurait pu opérer la partie elle-même; sinon son mandat est insuffisant et ne peut jamais remplir le vœu de la loi. Deux jurisconsultes estimés ont commenté le nouveau code, et

décident affirmativement que le pouvoir donné
pour comparaître en conciliation doit contenir la
faculté de transiger. Cela est même devenu un
principe tellement général, que sur des milliers
de pouvoirs notariés ou autres qui me sont passés
sous les yeux, celui dont je parle a été le seul
de son espèce. Aussi je n'en aurais point parlé,
si l'on n'eût, en quelque sorte, sanctionné par un
jugement cet étrange système.

Au reste, il vaudrait mieux supprimer la conciliation, que de s'y contenter d'un pareil mandat; on ne pourrait alors en espérer que des frais
frustratoires, puisque la représentation de la partie ne pourrait jamais dire autre chose, et, malgré
lui-même, *qu'il comparaît pour obtenir et retirer
un procès verbal négatif.* Pourquoi donc laisser
subsister une institution sans but et sans effet
quelconque ?

C'est assez discuter sur des principes aussi
simples qu'évidents. Il faut reporter l'attention
sur l'article 54, dont je n'ai donné que la première partie. La seconde porte : « que les conventions écrites au procès verbal du juge de paix
auront force d'obligation privée. » Cette disposition termine enfin des difficultés sérieuses qui
s'étaient élevées sur la question de savoir si ces
procès verbaux n'avaient pas un caractère authentique. J'en ai toujours pensé négativement, parce
que l'acte de médiation simple n'est point un jugement, et que le juge ne peut exercer de juridiction sur les matières qui ne sont pas attribuées
à sa compétence.

Cependant, lors de la comparution conciliatoire, si l'une des parties défère le serment à l'autre, le juge de paix le reçoit, ou fait mention du refus de le prêter. (*Art.* 55.) Voilà, sans doute, un acte de juridiction, un acte solennel même : mais c'est une exception au droit commun; c'est une attribution absolument nouvelle du dernier code.

Si ce serment déféré est refusé, celui qui ne veut pas le prêter devant le juge de paix, est encore recevable à le faire devant le tribunal de première instance. C'est le dispositif d'un arrêt de la cour de cassation, du 17 juillet 1810, lequel a décidé que l'article 1361 du code civil ne s'applique pas au refus de prêter le serment décisoire devant le juge conciliateur.

La partie qui ne comparoît pas en conciliation, est condamnée à une amende de 10 francs, et toute audience lui est refusée jusqu'à ce qu'elle ait justifié de la quittance. Cette amende était de 30 francs sous l'empire de la loi du 6 mars 1791.

La citation en conciliation interrompt la prescription et fait courir les intérêts, pourvu que la demande ait été formée dans le mois de la non comparution ou de la non conciliation (1). Cette règle était plus étendue par la loi du 24 août 1790, qui ne fixait aucun délai pour introduire la demande ; mais cette faculté illimitée a été réduite à un mois par le nouveau code. Déjà plusieurs cours l'avaient jugé ainsi, malgré que la cour de cassa-

(1) *V.* les *art.* 56 *et* 57 *du Code de procédure.*

tion eût décidé, le 6 vendémiaire an 11, que la prescription était interrompue par une citation en conciliation qui n'avait été suivie d'une demande qu'après plusieurs mois.

Cette interruption n'a pas lieu, en vertu de la comparution volontaire des parties, parce qu'une telle comparution n'équipolle pas à une citation suivie d'ajournement. Tel est le dispositif d'un arrêt de la cour de Colmar, du 15 juillet 1809.

En cas de non comparution de l'une des parties, il en est fait mention sur le registre du greffe de la justice de paix, et sur l'original ou sur la copie de la citation, sans qu'il soit besoin de dresser procès verbal. (*Art.* 58.) Voilà une disposition contraire à la loi primitive, qui prescrivait dans tous les cas qu'il fût fait procès verbal.

Le défaut de conciliation doit être opposé devant les premiers juges; le silence des parties couvre la nullité qui en résulte, en sorte qu'elles ne sont plus admises à s'en faire un moyen de cassation. Plusieurs cours l'ont jugé ainsi ; celle de cassation, par arrêt du 22 thermidor an 11 ; celle de Nîmes, le 26 floréal an 13 ; et celle d'Orléans, par arrêt du 8 prairial an 12. C'est d'ailleurs le texte de la loi du 4 germinal an 2.

Confiscation. Les juges de paix prononcent la confiscation des choses, ou des marchandises saisies en contravention, et dont l'accusé est déclaré convaincu. Pour éviter des redites inutiles, *V*. Contraventions *de première*, *deuxième*, *troisième classe ;* Poids et mesures.

Ces magistrats connaissaient des confiscations des ouvrages contrefaits, lorsqu'elles étaient poursuivies par les auteurs, inventeurs, ou le ministère public, d'après la loi du 7 janvier 1791 ; mais la saisie ne pouvait être faite des pièces contrefaites, que par le commissaire de police ou le juge de paix ; autrement, elle était nulle. C'est ce que la cour de cassation a jugé affirmativement par arrêt du 9 messidor an 13. C'est aussi la disposition formelle de l'article premier de la loi du 25 prairial an 3. Ce sont encore eux qui font la saisie aujourd'hui. *V*. Auteurs.

Les objets saisis sont déposés au greffe du tribunal de police correctionnelle ; et, quand la saisie est déclarée valable par ce tribunal, ils sont vendus à la requête de la partie poursuivante.

Sous la loi du 19 juillet 1791, le prix de la vente était versé entre les mains du receveur de l'enregistrement, pour être employé, savoir : un quart aux menus frais du tribunal, un quart aux frais des bureaux de paix et de jurisprudence charitable, un quart aux dépenses de la municipalité, et un quart au soulagement des pauvres de la commune ; mais ces dispositions qui étaient encore en vigueur en l'an 5, suivant un arrêté du directoire exécutif du 29 ventose de cette année , sont maintenant changées ; du moins les justices de paix ne reçoivent aucune part dans ces confiscations. Au reste, on conçoit bien que cette marche n'avait lieu que lorsque les confiscations étaient prononcées au profit de l'état ; autrement, quand elles appartenaient à la partie civile , celle-ci en recevait le produit sans partage, après une vente judiciaire.

Conflit. Il est affirmatif, ou négatif. Il peut avoir lieu à l'égard des juges de paix, tant en matière civile qu'en police simple, soit entre deux de ces juges, soit avec l'autorité administrative, et même avec les tribunaux de première instance.

Au civil, l'article 363 du code de procédure décide que : « si un différend est porté à deux ou plusieurs tribunaux de paix, ressortissant du même tribunal, le réglement des juges sera porté à ce tribunal ; que si les tribunaux de paix ressortissent de tribunaux différents, le réglement sera porté à la cour d'appel ; et que s'ils ne ressortissent pas de la même cour, le réglement sera porté à celle de cassation. »

En police, l'article 540 du code d'instruction criminelle s'exprime ainsi : « lorsque deux tribunaux de police simple, seront saisis de la connaissance de la même contravention, ou de contraventions connexes, les parties seront réglées de juges par le tribunal auquel ils ressortissent l'un et l'autre ; et s'ils ressortissent de tribunaux différents, ils seront réglés par la cour royale, sauf le recours, s'il y a lieu, à la cour de cassation. »

Il y a donc conflit entre deux juges de paix, lorsqu'un même différend leur est également soumis par l'une ou par l'autre des parties ; mais il y a encore conflit, quoique la cause, ou la contravention ne soit soumise qu'à un seul juge de paix, lorsque l'autre, *d'office*, se prétend seul compétent pour prononcer sur le différend, soit *ratione materiæ*, soit *ratione domicilii*, et qu'il déclare élever le conflit.

Toutes demandes en réglement de juges sont instruites et jugées sommairement et sur simples mémoires. (*Art.* 525, *Code d'instruct. crimin.*)

Il y a conflit entre un juge de paix et l'autorité administrative, lorsqu'un préfet, un conseil de préfecture, ou un maire, à raison de matières de voiries, ou d'autres contraventions soumises au juge de paix, déclare, avant le jugement de ce magistrat, que la cause doit être décidée par lui et non par le juge. De même et respectivement il y a conflit, quand, pour certaines contraventions déférées à l'autorité administrative, le juge de paix élève le conflit. Alors l'acte du magistrat réclamant est notifié à celui qui est saisi de la cause, et cette notification est nécessairement suspensive. Le différend est porté au ministre duquel dépend le réclamant, et le conflit est vidé par ordonnance de Sa Majesté. *V. le réglement du* 21 *juillet* 1806, *et l'avis du conseil d'état du* 21 *janvier* 1813. *V.* aussi *l'arrété du gouvernement relatif aux* conflits, *du* 13 *brumaire an* 10, *et les articles* 127 à 131 *du nouveau Code pénal.*

Il y a conflit négatif, lorsqu'une cause civile ou de police a été successivement portée à la connaissance de deux juges de paix et que tous deux se sont déclarés incompétents. Cette espèce peut aussi avoir lieu entre l'autorité administrative et un juge de paix. Alors il est nécessaire de se pourvoir en réglement de juges, lequel est demandé par la partie poursuivante, dans les formes ci-devant établies. (*Arrêt de la Cour de cassation du 26 mars 1813.*)

A l'égard du conflit qui peut avoir lieu entre les juges de paix et les tribunaux de première instance, les premiers ne doivent l'élever qu'avec circonspection et pour des causes graves, parce que les juges de première instance, sont juges d'appel des tribunaux de paix, et parce qu'ils décident ordinairement de la compétence de ces derniers, lorsqu'il y a appel. Cependant les juges de première instance ne peuvent, sous quelque prétexte que ce soit, attirer à eux les causes nommément attribuées aux juges de paix; car ce serait renverser tout ordre de juridiction et de compétence. Alors le conflit doit être élevé sans hésiter, par le juge de paix : c'est un de ses premiers devoirs de maintenir de tout son pouvoir les attributions que la loi lui accorde.

Lorsqu'il y a conflit négatif entre un juge de paix et des juges de première instance, ceux-ci ne peuvent faire le réglement de juges en attribuant à un autre juge de paix la connaissance du fait pour lequel ils se sont déclarés incompétents. C'est à la cour suprême à prononcer. (*Article 526, Code d'instruction criminelle; Arrêt de la même cour, du 18 juillet 1817.*)

Congé par défaut de comparution. Lorsqu'un demandeur a fait citer une ou plusieurs parties devant un juge de paix, s'il ne se présente pas à l'audience indiquée, les défendeurs, en comparaissant, peuvent demander défaut congé contre lui, et ce congé emporte le débouté de la demande du demandeur, qui est alors condamné aux dépens. Le juge de paix ne doit point refuser de prononcer ce congé, parce que le demandeur qui ne se présente pas pour soutenir l'action qu'il a formée, est présumé naturellement y avoir renoncé. Il en est ainsi à une seconde, ou à une troisième audience, lorsqu'il y a eu des interlocutoires, préparatoires, ou renvois, ordonnés sur les comparutions précédentes du demandeur. Dans ces derniers cas, cependant, si le juge croit que la non comparution de l'une des parties est fondée sur une erreur, ou sur un empêchement, il peut continuer la cause à la première audience, et alors si le demandeur est encore absent, le congé est prononcé. *V.* Défaut.

Congé sur bail verbal. C'est un acte qui tend à faire cesser la jouissance d'un locataire qui jouit sans convention écrite. Il n'est pas nécessaire de donner congé dès qu'il y a un bail notarié ou sans signature privée, parce qu'alors la jouissance cesse de plein droit, le dernier jour du bail écrit.

Ce congé se donne suivant l'usage des lieux, c'est-à-dire à certain intervalle avant la fin de la location verbale. Ce délai est de trois mois assez généralement pour les maisons de ville, mais il est d'une année pour les domaines ruraux. (*Article* 1748, *Code civil.*)

Ces différents principes étaient à-peu-près les mêmes pendant l'ancienne législation ; le code civil a particulièrement conservé la règle *dies in-*

terpellat pro homine, en décidant qu'il n'y aurait pas de congés pour les baux écrits.

Les actions en validité de ces congés sont naturellement personnelles et mobilières, dès lors de la compétence des juges de paix quand le prix annuel du bail n'excède pas le *maximum* de leurs attributions en ce genre. On a même prétendu qu'il pouvait prononcer sur la validité des congés, lorsque le prix d'un trimestre ou d'un semestre n'excédait pas cent francs, malgré que celui de l'année dépassât cette somme. Voici une circulaire du Ministre de la justice, conforme à cette prétention.

Paris, 23 thermidor an 4.

A Messieurs les Juges de paix.

« A l'époque prochaine des congés de locations, il s'élève, citoyens, la question de savoir si les juges de paix sont compétents pour connaître des demandes en congés de locations, en dernier ressort, quand le prix d'un terme n'excède pas 50 francs, et à charge d'appel quand ce prix n'excède pas 100 francs.

« Votre compétence à cet égard est également assurée et par les principes et par la loi.

« En effet, le droit de propriété serait illusoire, s'il fallait pour une location de 200 francs par an, accumuler délai sur délai lors de l'échéance des congés, citer devant les tribunaux de conciliation, lever des procès verbaux, réitérer devant le tribunal civil, payer à grands frais des défenseurs officieux, être privé en attendant de la faculté de louer, enfin dépenser infiniment au-delà du prix du loyer.

« Une loi positive appuie ces justes considérations, celle du 16 août 1790, titre X, article 9, porte, etc. (Suit le texte de la loi.) *Signé* Merlin. »

On doit, sans doute, respecter l'avis d'un Ministre de la justice, mais je crois devoir réfuter celui-ci, par des motifs plus puissants encore que ceux qui l'ont dicté. Toute considération cesse devant l'inflexibilité des principes, puisqu'eux seuls sont les régulateurs de tout ordre, et dès qu'on les fait fléchir sur un point, l'ordre entier peut être ébranlé : il en serait ainsi dans cette hypothèse. Si, en effet, un juge de paix qui condamnerait, en dernier ressort, à payer 50 francs pour un trimestre de loyer, ordonnait en même temps la résiliation du bail qui serait de 200 fr., il prononcerait incontestablement sur la validité d'une convention de 200 fr. Alors il excéderait évidemment sa compétence fixée en matières personnelles et mobilières à 100 francs. Quelle règle, quelle considération, peut autoriser cet excès de pouvoir ?

On ne peut pas dire qu'un juge de paix étant saisi de la demande principale, peut par suite, à défaut de paiement du trimestre, prononcer la résiliation du bail, parce que l'une est la conséquence de l'autre. Autrement par des conséquences de tous genres, on pourrait renverser l'ordre des compétences.

Et si le juge de paix prononçait comme le veut le Ministre, en fait de location, il pourrait aussi, sans égard pour la différence des valeurs, prononcer sur les inscriptions de faux, lorsqu'elles naissent des actions personnelles et mobilières portées devant lui. Certes, celles-ci sont plus que des conséquences des actions principales, elles en sont dépendantes. Le juge de paix pourrait encore prononcer sur des actions pétitoires évidemment connexes, ou plutôt qui naissent des actions possessoires. Il pourrait enfin se saisir de tout ce qui ferait suite aux causes qui lui sont attribuées, et il est beaucoup de choses de ce genre, qui souvent ne se distinguent que par de légères nuances d'une compétence étrangère. Or, ces nuances cesseraient toujours, si on pouvait franchir la limite des valeurs déterminées. Alors les juges de paix ne seraient plus que des juges d'exceptions. Mais c'en est assez sur ce point qui me paraît prouvé clairement.

Je dois maintenant dire un mot d'une ancienne loi romaine qui, pendant bien des siècles, a fait le droit commun de la France. La loi *emptorem* a laissé des impressions qui s'effacent difficilement. Il est peu d'acquéreurs de maisons qui ne se persuadent pouvoir encore expulser, aussitôt leurs acquisitions, les locataires qui leur déplaisent. Ils sont dans l'erreur, puisque l'article 1743 du code civil abroge la loi *emptorem*, et ils ne peuvent donner congé qu'en observant les usages des lieux. (*Art.* 1736 *et* 1748, *ibidem.*) Plusieurs cours l'ont jugé ainsi, *nemine contradicente*,

notamment celle de Paris, par arrêt du 13 floréal
an 3; celle de Bruxelles, par arrêt du 13 vendémiaire même année; celle de Poitiers, par arrêt du
30 pluviose an 13.

Il y a plus, lors même que le propriétaire s'est
réservé, par un bail écrit, la faculté d'expulser
les fermiers en cas de vente de l'objet loué, l'ac-
quéreur n'en doit pas moins donner congé suivant
l'usage des lieux. Tel est le texte du code et le
dispositif du dernier arrêt que je viens de citer.
Ainsi, à défaut de congé donné en temps utile,
il s'ensuit un nouveau bail, qui ne peut être
moindre d'une année, avant l'expiration de laquelle il faut encore donner congé, suivant le
même usage local. (*Article 1759, Code civil.*)
V. Louage.

Conseil. Le père mourant peut donner à la
mère survivante un conseil spécial pour l'aider
dans l'administration de la tutelle; alors elle
ne peut faire, sans l'avis de ce conseil, aucun
acte relatif à son administration. Si le père
a spécifié les actes pour lesquels il a établi le conseil, la mère tutrice pourra valablement faire
seule tous les autres actes de la tutelle. Cependant
un père ne peut donner l'administration des biens
du mineur au conseil spécial qu'il nomme à la
mère survivante. Ainsi jugé par arrêt de la cour
de Bruxelles du 21 mai 1806.

La nomination de ce conseil se fait, ou par
acte de dernière volonté, ou par une déclaration
devant le juge de paix, assisté de son greffier.
Autrefois les conseils donnés aux mineurs, étaient

nommés par les tribunaux sur avis de parents ; le plus souvent ils étaient choisis parmi les avocats ou les procureurs.

Conseil de famille. C'est une assemblée de parents ou d'amis, présidée par le juge de paix , pour déférer la tutelle des mineurs ou délibérer sur leurs intérêts. Il n'y avait point de lois générales en France sur les tutelles avant la révolution ; elles étaient dirigées dans plusieurs provinces par les dispositions des lois romaines , dans d'autres par les coutumes , et dans d'autres encore par les usages des tribunaux.

Nos assemblées politiques ont successivement établi des règles sur cette partie si intéressante de la législation ; toutes ont été réunies , fondues et modifiées par le code civil. C'est donc d'après ces dispositions , et d'après la jurisprudence des cours que je dois composer cet article.

Il y a lieu de convoquer un conseil de famille, 1° pour nommer un curateur au ventre de la femme qui se trouve enceinte au décès de son mari. A la naissance de l'enfant, la mère en est tutrice de plein droit , et le curateur en est le subrogé tuteur. Pour qu'il y ait lieu à cette nomination , il suffit que la femme déclare être enceinte , sans autre preuve. Jugé ainsi par la cour d'Aix , le 19 mars 1807.

2° Pour délibérer si la mère tutrice qui veut se remarier conservera la tutelle de ses enfants ; à défaut d'obtenir cette autorisation *avant le nouveau mariage*, la veuve perd la tutelle de plein droit , et son second mari devient , solidairement avec elle, responsable de la tutelle, indûment retenue. Mais, lorsque le conseil de famille, légalement convoqué avant le second mariage, conserve la tutelle à la mère, il lui donne nécessairement pour cotuteur le second mari, qui devient en ce cas, solidairement responsable de la gestion postérieure au mariage.

3° Pour nommer un tuteur aux enfants dont la mère ne veut point accepter la tutelle, n'y étant pas obligée; mais elle doit, en cas de refus, administrer jusqu'à ce qu'elle soit remplacée.

4° Pour confirmer le choix fait par la mère remariée et maintenue dans la tutelle, d'un autre tuteur à ses enfants.

5° Pour nommer un tuteur aux mineurs dont la mère a perdu la tutelle, soit par sa propre renonciation, soit par le refus du conseil à l'y maintenir.

6° Lorsqu'un enfant mineur, non émancipé, reste sans père ni mère, ni tuteur élu par l'un d'eux, ni ascendants mâles, le conseil de famille lui nomme un tuteur.

7° Dans toute tutelle, il y a un subrogé tuteur nommé par un conseil de famille. C'est le surveillant du tuteur, et il agit même pour les intérêts des mineurs, et quand ils sont en opposition avec ceux du tuteur.

8° Lors de l'entrée en exercice de toute tutelle, autre que celle des père et mère, un conseil de famille doit régler, par aperçu et selon l'importance des biens régis, la somme à laquelle peut s'élever la dépense annuelle du mineur, ainsi que celle d'administration de ses biens. Ce même conseil détermine positivement la somme à laquelle commence pour le tuteur, l'obligation d'employer l'excédant des revenus sur la dépense.

9° S'il est nécessaire d'emprunter pour un mineur, ou d'aliéner, ou d'hypothéquer ses biens immeubles, le tuteur ne peut le faire sans l'autorisation d'un conseil de famille, qui ne l'accorde que pour cause d'avantage évident, ou de nécessité absolue. Ce dernier cas doit se prouver par un compte sommaire présenté par le tuteur au conseil de famille, constatant que les deniers, effets mobiliers et revenus du mineur sont insuffisants, soit pour sa nourriture et entretien, soit pour payer ses dettes. Dans tous les cas, le conseil de famille désigne les immeubles qui doivent être vendus de préférence; il fixe même les conditions qu'il juge utiles.

Les tribunaux ne peuvent se dispenser d'homologuer purement et simplement les délibérations des conseils de famille, qui autorisent la vente des biens des mineurs, à moins de constater en fait que la vente est inutile ou dommageable aux mineurs. Jugé ainsi par arrêt du 19 floréal an 13, de la cour de Bruxelles.

10° Dans le cas d'une succession échue au mineur en tout ou partie, ou d'une donation qui lui est faite, il est indispensable de convoquer un conseil de famille pour autoriser le tuteur, soit à accepter, soit à répudier l'une ou l'autre. *V.* Acceptations de successions.

11.º La même autorisation est nécessaire pour qu'un tuteur, même le père, puisse introduire une action relative aux droits immobiliers du mineur, ou pour acquiescer à une demande relative aux mêmes droits, ou pour intenter et diriger une action en partage, ou enfin pour faire appel d'un jugement d'adjudication de biens de son mineur; autrement il est personnellement condamné aux dépens. C'est ce que la cour de Riom a jugé affirmativement le 15 avril 1806. Un autre arrêt de celle d'Angers, du 3 avril 1811, a aussi rendu hommage à ces principes, en déclarant que le père n'est point excepté de cette autorisation.

12º Pour autoriser un tuteur à traiter ou transiger au nom de son mineur. On exige en ce cas, que le conseil de famille ne délibère que sur le vu d'un avis de trois jurisconsultes désignés par le ministère public; lequel avis doit être affirmatif, et produit au conseil avec le projet de transaction, pour éclairer sa délibération, qui doit être homologuée.

13º Le tuteur qui a des motifs graves pour réprimer l'inconduite de son pupille, ne peut le faire détenir sans une autorisation spéciale. Il se conforme pour les suites de cette autorisation aux dispositions prescrites au titre de la puissance paternelle du code civil.

14º Il y a lieu encore de convoquer des conseils de famille pour nommer des curateurs aux causes aux enfans âgés de 15 ans, émancipés par leurs père et mère.

15º Pour prononcer sur l'émancipation du mineur resté sans père ni mère, lorsqu'il a atteint sa dix-huitième année.

16° Pour retirer à un mineur émancipé le bénéfice de l'émancipation, lorsqu'il en abuse en excédant ses droits.

17° Pour retirer la tutelle au père ou à la mère, ou à l'ascendant mâle qui se sera ingéré dans la tutelle de ses enfants avant de leur avoir fait nommer un subrogé tuteur, *s'il y a eu dol de la part du tuteur*.

18° Pour tout remplacement de tuteur, ou de subrogé tuteur, soit par décès, soit pour excuses valables, soit autrement.

19° Pour destituer de la tutelle les personnes d'une inconduite notoire ; celles qui sont incapables ou infidèles dans leur gestion.

20° Pour autoriser un mineur de 21 ans, dit la loi, dépourvu de père et de mère, à contracter mariage. On lui nomme en même temps un curateur *ad hoc*, qui l'assiste et l'autorise dans tous les actes relatifs à son mariage.

21° Pour donner un avis sur la situation d'une personne qui est en état habituel d'imbécillité, de démence ou de fureur, et dont l'interdiction est demandée.

22 °Pour remplacer le curateur d'un interdit, qui serait mort pendant la durée de l'interdiction, ou qui voudrait se faire remplacer après dix ans d'exercice. La cour de Paris a jugé, dans ce cas, par arrêt du 7 thermidor an 11, que c'est au conseil de famille à faire ce remplacement, et non au tribunal civil.

23º Pour autoriser un subrogé tuteur à passer bail des biens d'un mineur à son tuteur, qui ne peut s'en rendre adjudicataire, à peine de *nullité*, sans le consentement du conseil de famille.

24º Pour autoriser la vente d'immeubles appartenants à des mineurs, à un prix inférieur à celui de l'estimation.

25º Pour autoriser un mineur émancipé, resté sans père ni mère, à faire le commerce soit en gros, soit en détail. (*Art.* 2 *du Code de commerce.*)

26º Pour nommer un protuteur à un mineur domicilié en France, qui possède des biens dans les colonies, ou à un mineur domicilié dans les colonies qui possède des biens en France. *V.* Pro-TUTEUR.

Tels sont les cas dans lesquels il est indispensable de convoquer un conseil de famille. Il en est bien encore quelques autres, mais ils se rattachent tous à la série que je viens de tracer.

Tout conseil de famille est convoqué soit à la diligence des parents du mineur, de ses créanciers, ou d'autres parties intéressées, soit même d'office, et à la poursuite du juge de paix du domicile du mineur. Ce conseil se compose du juge de paix qui en est le président *né*, et de six parents ou alliés domiciliés dans la distance de deux myriamètres du lieu où la tutelle est ouverte. Moitié de ces parents est prise dans la ligne paternelle, et l'autre moitié dans la ligne maternelle. Cependant les frères germains et les maris des sœurs germaines sont exceptés de cette limitation, car s'ils sont six et au-delà, ils sont tous appelés pour composer le conseil de famille (1) avec les veuves d'ascendants, et les ascendants, s'il y en a ; s'ils sont en nombre inférieur, les autres parens ne sont appelés que pour compléter le conseil de famille.

Le parent est préféré à l'allié du même degré, et parmi les parents d'un degré égal, le plus âgé est préféré à celui qui l'est moins. Cependant quand cette préférence ne serait pas observée, il n'y aurait pas nullité, parce que la loi ne la prononce pas. Cela a même été ainsi jugé par arrêt de la cour de cassation du 6 novembre 1806 ; par les cours de Bruxelles et de Turin, les 15 mars 1806 et 10 avril 1811. Il a été dit dans ces derniers arrêts, *s'il n'y a fraude, ou si les parents plus proches étaient inconnus.*

Lorsque les parents de l'une ou de l'autre ligne se trouvent en nombre insuffisant sur les lieux ou dans la distance prescrite, le juge de paix appellé soit des parents ou alliés domiliés à de plus grandes distances, soit, dans la commune même, des citoyens connus pour avoir eu des relations habituelles d'amitié avec le père ou la mère du mineur. Ce magistrat peut faire plus, il peut, quoiqu'il y ait sur les lieux un nombre suffisant de parents ou alliés, permettre de citer, à quelque distance qu'ils soient domiciliés, des parents ou alliés plus proches, *ou de mêmes degrés* que ceux présents, de manière toutefois que cela s'opère en retranchant

(1) Les frères germains peuvent être indifféremment placés dans la ligne paternelle, ou dans la maternelle. *Arrêt de la Cour de cassation du 10 août 1815. Sirey, page 411.*

quelques-uns de ces derniers, et sans excéder le nombre de six; car tout conseil qui serait composé de plus de sept personnes, le président compris, pourrait être déclaré nul, excepté le cas des frères germains. C'est ce qui a été résolu affirmativement par la cour d'Amiens le 11 fructidor an 13.

Il est une espèce particulière de conseil de famille, qui ne peut être composé d'aucun parent; c'est celui qui délibère pour un enfant illégitime; parce qu'il n'acquiert de parenté, quoique reconnu, que vis-à-vis ses père et mère. Dès lors on ne peut appeler pour eux que des amis. Cette hypothèse, bien simple, a cependant donné lieu à un arrêt de la cour de Montpellier, du 11 février 1806, qui l'a jugée affirmativement.

Le délai pour citer un parent ou ami en conseil de famille, est réglé par le juge de paix à jour et heure fixes, mais de manière à ce qu'il y ait toujours, entre la citation notifiée et le jour indiqué pour la réunion du conseil, un intervalle de trois jours francs au moins, quand toutes les personnes citées résident dans la commune ou dans la distance prescrite; et s'il en est de domiciliées à de plus grandes distances, le délai est augmenté d'un jour par trois myriamètres.

Quoique la loi dise que les membres du conseil seront cités, il n'y a point nullité lorsqu'ils sont convoqués par lettres ou verbalement. Cela est même désirable pour éviter des frais. D'ailleurs le but de la loi est rempli, dès que les individus appelés comparaissent volontairement. Ainsi jugé par arrêt de la cour de Caen, du 10 décembre 1806.

Les personnes citées au conseil de famille sont tenues de s'y rendre en personne ou par des mandataires *particuliers* ; la loi exige qu'il y ait autant de mandataires que de commettants. Une amende de 50 francs, prononcée par le juge de paix sans appel, est infligée au parent qui ne comparaît pas; cependant s'il justifie que son absence a eu des causes légitimes, il peut être déchargé de l'amende, et, en ce cas, s'il convient d'attendre le membre absent ou de le remplacer, le juge de paix peut proroger le conseil de famille : il peut le faire aussi dans tous les cas où l'intérêt du mineur lui paraît l'exiger. *V. les art.* 411 *à* 414 *du Code civil.*

Le conseil s'assemble de plein droit au prétoire du juge de paix, ou dans son domicile, ou dans un local particulier désigné par lui. La présence des trois quarts des membres est indispensable pour délibérer. Le juge de paix a voix prépondérante et nécessaire, tellement que s'il se contentait de présider un conseil sans y voter, la délibération serait nulle. La cour de cassation l'a ainsi jugé, mais la date de l'arrêt manque. *V. le Dict. des arrêts.* La cour de Bordeaux a prononcé aussi de la même manière, par arrêt du 21 juillet 1808. *V. le Code civil* annoté par Sirey, *p.* 168.

Nul autre que le juge de paix ne peut présider un conseil de famille. Un tribunal, ni une cour, ne peut commettre un de ses membres à cette présidence, sous peine de nullité. C'est ce qui a été prononcé par arrêt du 6 messidor an 12, rendu par la cour de Bordeaux. De même aucun juge ne peut ordonner l'exclusion de ceux qui sont appelés par la loi pour former le conseil de famille, à moins qu'il ne s'agisse des personnes désignées dans les articles 442 et 445 du code civil, ou que le juge de paix ne se décide à opérer le retranchement de quelques parents, en vertu de pouvoir discrétionnaire, que l'article 410 du même code lui confie. Mais, dans tous autres cas, l'exclusion serait nulle. C'est ce que la cour de cassation a décidé affirmativement, par arrêt du 13 octobre 1817.

Voici les personnes qui doivent être repoussées des conseils de famille : 1° les mineurs, excepté le père ou la mère; 2° les interdits; 3° les femmes, autres que la mère et les ascendantes; 4° ceux qui ont, ou dont le père ou la mère ont avec le mineur, un procès dans lequel l'état de ce mineur, sa fortune, ou une partie notable de ses biens sont compromis; 5° tout individu qui aura été exclu ou destitué de la tutelle. — Indépendamment de ces exclusions, il est d'autres individus qui sont dispensés de la tutelle. *V.* Dispenses de tutelle.

Le tuteur présent à la délibération qui le nomme, doit proposer sur-le-champ ses excuses, s'il en a de valables, sous peine d'être déclaré non recevable dans sa réclamation ultérieure; s'il est au contraire absent, il convoque le conseil de famille pour délibérer sur ses excuses, dans les trois jours de la notification qui lui est faite de sa nomination, à la diligence d'un membre du conseil commis à cet effet. Dans tous les cas, si les excuses sont rejetées, il peut se pourvoir par appel devant le tribunal de première instance, mais il est tenu d'administrer pendant le litige (*Art.* 438 *à* 440 *du Code civil.*) *V.* Avis de parents.

Le tuteur qui accepte la tutelle, prête serment devant le juge de paix, de remplir fidèlement la fonction qui lui est déférée, ce qui l'installe, pour ainsi dire. Comme après sa nomination on lui nomme un subrogé tuteur, il ne peut voter dans cette opération secondaire. La loi lui interdit cette faculté. (*Art.* 423, *ibidem.*)

Il se rattache aux conseils de famille plusieurs autres règles et formalités que nous pourrions placer ici; mais obligé de les développer dans plusieurs autres articles, ce serait une redite inutile. *V.* Avis de parents, Dispense de tutelle, Destitution de la tutelle, Émancipation, Subrogé tuteur, Tutelles de cinq espèces *et* Tuteurs.

Conservation de la tutelle, *V.* Conseil de famille, Mère tutrice.

Contrat judiciaire. Ce terme désigne une convention, qui se fait devant un juge quelconque par les déclarations des parties. Ainsi quand l'une d'elles fait une proposition ou un aveu qui est accepté par l'autre, le contrat judiciaire est formé. Il est dès lors irrévocable; il ne peut être retiré, et le juge doit s'y conformer dans sa décision.

La déclaration que les parties souscrivent pour rendre un juge de paix compétent pour prononcer en dernier ressort ou en première instance, est caractéristique d'un contrat judiciaire, tellement que, sur la seule signature du compromis, le juge a l'autorité de régler le différend, et de juger authentiquement les conventions des parties. C'est le dispositif d'un arrêt de la cour de cassation du 3 octobre 1808.

CONTRAINTE PAR CORPS EN MATIÈRES CIVILES. Elle ne peut être prononcée par les juges de paix. Je ne vois en effet dans la série des faits qui donnent lieu à la contrainte par corps (série tracée par les articles 2060 et suivants du code civil), aucunes circonstances qui pourraient autoriser les juges de paix à prononcer cette contrainte.

Ils ne peuvent l'ordonner pour aucunes actions pétitoires, réelles ou mixtes qui sont hors de leur compétence. Ils pourraient bien l'infliger pour le dépôt nécessaire, qui ne produit qu'une action pure personnelle, mais la loi défend de prononcer la contrainte par corps pour une somme moindre de 300 francs, et les juges de paix ne connaissent que jusqu'à 100 francs des actions pures personnelles. Ils ne peuvent enfin ordonner cette contrainte dans le cas du 2ᵉ paragraphe de l'article 2060, dont je crois devoir rapporter le texte pour mieux en raisonner :

« 2° En cas de réintégrande, pour le délaissement, ordonné par justice d'un fonds dont le *propriétaire* a été dépouillé par voie de fait; pour la restitution des fruits qui en ont été perçus pendant l'indue possession, et pour le paiement des dommages et intérêts adjugés *au propriétaire*. »

On peut dire, à la première réflexion, que la

réintégrande étant reconnue en droit pour être l'interdit *undè vi*, ou l'action possessoire par laquelle celui qui a été spolié de la possession d'un immeuble, peut se pourvoir dans l'an et jour de la spoliation, afin d'être réintégré dans sa possession; on peut dire, répété-je, que les juges de paix essentiellement juges de toutes actions possessoires et sans limitation, peuvent ordonner la contrainte par corps pour fait de réintégrande; mais la loi emploie deux fois différentes le mot *propriétaire*, qui désigne uniquement le maître de la propriété et non le possesseur annal. On ne peut donc s'empêcher de croire que le législateur a parlé du *désistat* de possession, ou rétablissement dans la propriété spoliée, qui ne produit que des actions pétitoires. Au reste, quelque analogie que le texte pût présenter avec l'action possessoire, on devrait plutôt la restreindre que l'étendre, à l'égard des juges de paix, qui ne peuvent connaître que d'attributions formellement exprimées, parce qu'ils sont des juges d'exceptions.

Contraventions de première classe. Les faits dont la connaissance est attribuée aux juges de paix, comme juges de police, sont qualifiés contraventions; ils ne sont ni délits ni crimes; ils sont classés et reprimés d'une manière graduée, mais déterminée fixement, ce qui fait disparaître l'inégalité et la variation des amendes, qui existaient jadis sur un même fait, par la différence du prix des journées de travail, qui étaient prononcées pour déterminer le taux de la peine. Cette différence plaçait quelquefois un même fait dans la compétence correctionnelle dans certains lieux, et dans d'autres, dans la compétence de simple police.

La première classe des contraventions établies par le nouveau code pénal, comprend toutes celles qui sont punies d'amende, depuis un franc jusqu'à cinq francs inclusivememt. Elles sont au nombre de quatorze, énoncées dans l'art. 471.

Première. La négligence à entretenir, réparer ou nettoyer les fours, cheminées ou usines où l'on fait du feu.

L'article 9 du titre II de la loi des 28 septembre et 6 octobre 1791, chargeait les officiers municipaux de visiter, au moins une fois par an, les fours et cheminées de certains établissements et des maisons isolées. Ils pouvaient même en ordonner la démolition ; et l'amende contre les négligents était de 6 fr. au moins, et de 24 fr. au plus.

Le code de brumaire an 4, ayant restreint les peines de simple police au *maximum* de la valeur de trois journées de travail, la contravention dont je parle devait alors être punie correctionnellement. Ainsi, le nouveau code rend à la police cette même contravention simple, en modifiant la peine à 5 francs au plus. — Quant au mode de la constater, il n'est rien changé sur ce point : l'autorité administrative en reste donc chargée.

Deuxième. La violation des défenses de tirer des pièces d'artifices en d'autres lieux que ceux désignés par l'autorité. *V.* ARTIFICES (Pièces d').

Troisième. La négligence des aubergistes et

autres qui, obligés à l'éclairage, l'auront omis ou refusé. *V*. Aubergistes.

« La négligence de nettoyer les rues ou passages dans les communes où ce soin est à la charge des habitants. » Ces dispositions sont renouvelées de la loi de juillet 1791 et du code de brumaire an 4. C'est aux commissaires de police et aux adjoints à les constater.

Quatrième. « L'encombrement de la voie publique, en y déposant ou laissant, sans nécessité, des matériaux, ou des choses quelconques qui empêchent ou diminuent la liberté ou la sûreté du passage. »

« Le défaut d'éclairage, pendant la nuit, des matériaux entreposés sur la voie publique, ou des excavations dans les rues et les places. »

Cinquième. « La négligence ou le refus d'exécuter les réglements de petite voirie, ou d'obéir à la sommation émanée de l'autorité administrative, de réparer ou de démolir les édifices menaçant ruine. »

Sixième. « Le jet ou l'exposition devant les maisons et les édifices, des choses de nature à nuire par leur chute, ou par des exhalaisons insalubres. »

Toutes ces dispositions appartenaient à l'ancienne législation de police. J'observe seulement que le code pénal s'explique sur cette dernière contravention avec plus de précision et de clarté que les lois précédentes ; il établit le cas de nécessité, non prévu auparavant. Ainsi le juge peut aujourd'hui, dans l'exécution de la loi, jouir de plus de liberté.

Septième. « Laisser dans les rues, chemins, places, lieux publics, ou dans les champs, des coutres de charrues, pinces, barres, barreaux, ou autres machines ou instruments ou armes dont puissent abuser les malfaiteurs et les voleurs. » *V.* Instruments aratoires.

Huitième. « La négligence d'écheniller dans les campagnes et les jardins, où ce soin est prescrit par la loi et les réglements. » *V.* Échenillage.

Neuvième. « Avoir cueilli ou mangé sur le lieu même, des fruits appartenant à autrui, sans autres circonstances prévues par les lois. »

Cette disposition est nouvelle dans les attributions de la police. Cependant le maraudage et le vol de petites parties de récoltes pouvaient être regardés en quelques cas, comme l'action de cueillir des fruits sur le lieu ; mais ils étaient punis des peines correctionnelles. Quelles sont les circonstances sans lesquelles le nouveau code accorde aux juges de police la répression de cette neuvième contravention ? Je pense que si le délinquant dévaste les fruits, brise le arbres, s'il escalade ou viole les clôtures ; si le fait est commis la nuit avec armes, violences, effractions, si, dis-je, une seule de ces circonstances se rencontre, la contravention se change alors en délit ou crime, et le juge de police ne peut en connaître (1).

(1) *V.* les *articles* 383, 393, 397, 440 *et* 441 du *Code pénal.*

Dixième. « Avoir glané, ratelé ou grapillé dans les champs non encore entièrement dépouillés et vidés de leurs récoltes, ou avant le moment du lever du soleil, ou après son coucher. »

S'il y a cependant pillage, violence, réunion de personnes pour de pareils faits, ils doivent être portés à la connaissance des juges correctionnels.

Onzième. « Les injures dites sans provocation, autres que celles prévues depuis l'article 367, jusques et compris l'article 378 du code pénal. » Cette disposition réduit la compétence des juges de paix, en dérogeant aux décrets des assemblées législatives.

La punition de la calomnie, cette arme du lâche et du scélérat, est entre les mains des juges correctionnels. Il y a calomnie, quand une imputation de faits qualifiés *crimes ou délits* est faite à tout individu dans un lieu public. Il y a calomnie, quand pareille imputation est faite soit par un acte, soit par un écrit imprimé ou non, qui a été affiché ou distribué.

Les juges correctionnels connaissent encore des injures graves et des expressions outrageantes proférées dans des lieux publics, ou répandues par écrits ou affiches. (*V. l'art.* 367.)

Ici s'arrête la compétence correctionnelle en matières d'injures. La police simple connaît de son côté, de toutes les injures verbales qui ne sont pas proférées dans des lieux publics, mais elles ne sont punissables que lorsqu'elles ont été proférées sans provocation.

De ces mots *sans provocation*, ne doit-on pas conclure que celui qui a été provoqué, ou le premier insulté, et qui a rendu ensuite injures pour injures, n'est point coupable? Je le pense ainsi, et j'ajoute que le nouveau code abroge par les mots *sans provocation*, l'ancienne jurisprudence, qui avait établi une compensation en matières d'injures, d'après la règle *paria delictâ mutuâ compensatione tolluntur*. Mais si le provocateur d'une rixe ou d'injures dénie les faits, si les témoins mêmes déposent de manière à laisser inconnu l'auteur ou le provocateur de la rixe, que doit faire alors le juge de police? Doit-il rejeter la plainte par cela seul que le demandeur ne prouve pas que les injures dont il se plaint lui ont été dites sans provocation? Cela serait trop rigoureux, et ce serait bien le cas de dire *jus summum summa injustitia.*

On doit en effet présumer que les injures reçues par le plaignant ont été proférées sans provocation, tant que le prévenu lui-même ne dit pas avoir été provoqué. Mais s'il en fait l'objection, c'est à lui de la prouver : toute partie qui fait une exception, en doit fournir la preuve. Ainsi le défendeur justifie, ou ne justifie pas qu'il a été provoqué; s'il le prouve, il est déchargé de la plainte; dans le cas contraire, il est déclaré convaincu, et puni.

On peut demander ce qu'on entend par *provocation*. Ce mot exprime l'action d'exciter ou d'inciter à quelque chose. Une première injure est une provocation ; mais une légère injure verbale pourrait-elle excuser des violences graves, des voies de fait? Je ne le pense pas ; encore moins quand il n'y a pas différence des personnes. On doit tenir à l'inégalité des conditions si l'on veut faire respecter l'ordre social. Cependant il serait difficile de donner des règles générales pour caractériser et nuancer les diverses provocations : les circonstances, les faits, les personnes sont le plus souvent ce qui peut décider le juge sur ce point.

La femme peut se défendre en justice d'une action formée contre elle pour injures par elle dites, sans le concours de son mari ; mais le mari peut, sans la volonté de sa femme, poursuivre la réparation des injures qu'elle a essuyées. C'est ce qui a été affirmativement jugé par la cour de cassation, le 14 germinal an 13.

Un juge de paix, en réprimant des injures, ne peut ordonner des mesures de police pour la surveillance du délinquant. Jugé ainsi, par arrêt de la même cour du 19 février 1807. *V.*, pour le complément de cet article, Injures.

Douzième. « Le jet d'immondices sur quelqu'un par imprudence. »

Il ne faut pas confondre ce fait avec le jet volontaire prévu et réprimé par l'article 475 du code. *V.* Contravention de deuxième classe.

Treizième. « Avoir passé sur un terrain préparé ou ensemencé, sans en être propriétaire, usufruitier, locataire ou fermier, ou sans jouir d'un droit de passage sur ce terrain, ou, enfin,

sans être agent ou préposé d'aucune de ces per=
sonnes. »

Ce texte porte avec lui-même ses différentes
exceptions. La loi du 28 septembre 1791 , art. 27
du titre 2 , punissait simplement ceux qui en-
traient à cheval ou en voiture sur les champs *ensemencés ;* le nouveau code y ajoute ceux qui sont
préparés , et il comprend toute espèce de passage ,
ce qui est juste. Il était nécessaire de réprimer
l'insouciance ou la malice de certains cultivateurs,
qui souvent foulent hardiment les terrains ensemencés pour des motifs très-légers. — On doit comprendre dans ces terrains les prairies naturelles et
artificielles , dont la végétation souffre toujours,
plus ou moins , d'un passage quelconque.

Quatorzième. « Laisser passer des bestiaux ,
bêtes de trait , de charge ou de monture sur le
terrain d'autrui avant la récolte enlevée. »

Cela suppose une récolte séparée de la terre ,
mais non encore enlevée.

Telles sont les quatorze contraventions de première classe , qui ne sont pas toujours punies de
la seule amende graduée depuis un franc jusqu'à
cinq inclusivement. La loi ordonne encore la confiscation des pièces d'artifices saisies dans le cas du
§ II , des armes et des instrumens désignés par le
numéro 7. C'est impérieusement que ces confiscations sont ordonnées. *V. l'art.* 472.

La peine d'emprisonnement est infligée, suivant
les circonstances , pendant trois jours à ceux qui
seront convaincus des contraventions relatives aux
pièces d'artifices , au glanage et grapillage ; mais

cette peine est nécessairement prononcée en cas de récidive. *V. les art.* 473 *et* 474.

CONTRAVENTIONS DE DEUXIÈME CLASSE. Elles se composent de treize faits principaux. 1° « Être contrevenu aux bans de vendanges ou autres bans autorisés par les réglements. »

J'ai traité particulièrement de cet article. *V.* BAN DE VENDANGES.

2° « Les aubergistes ou logeurs qui n'écrivent pas de suite et sans aucun blanc, sur un registre tenu régulièrement, les noms, qualités, domiciles, entrées et sorties de tous ceux qu'ils logent, même pendant une seule nuit. Ceux qui refusent de représenter ce registre, soit à des époques déterminées, soit sur la simple réquisition des maires, adjoints ou officiers de police, sont en contravention. » *V. l'art.* 73 *du Code et* AUBERGISTE.

3° Les rouliers, charretiers, conducteurs de *voitures quelconques* ou de bêtes de charge qui ne se tiennent pas constamment à portée de leurs chevaux, bêtes de trait ou de charge, ou de leurs voitures, et en état de les guider et conduire ; ceux qui ne se bornent pas à occuper un seul côté des rues, chemins ou voies publiques, qui ne se détournent pas de toutes autres voitures, et qui, à leur approche, ne leur laissent pas au moins la moitié des rues ou chemins. »

Un décret du 28 août 1808 avait statué que les rouliers, charretiers, voituriers, conducteurs, seraient tenus de céder la moitié du pavé aux voitures des voyageurs, sous peine de 50 francs d'amende, et du double en cas de récidive, sans préjudice des peines personnelles portées aux réglements de police. Cette forte amende fut établie par la nécessité reconnue de réprimer les procédés durs et grossiers, les vexations et les voies de fait des rouliers, charretiers et postillons. Mais le code pénal, étant postérieur au décret, fait nécessairement cesser ces dispositions. Ainsi l'amende à prononcer contre les rouliers et autres en contravention, n'est plus que de six à dix francs, d'après l'article 475 du nouveau code.

4° « Laisser courir les chevaux, bêtes de trait, de charge ou de monture dans l'intérieur d'un lieu habité, ou violer les réglements contre le chargement, la rapidité ou la mauvaise direction des voitures. »

5° « Établir dans les rues, chemins, *places ou lieux publics*, des jeux de loterie ou d'autres jeux de hasard. »

Il ne faut pas entendre ici qu'il s'agit des jeux de hasard tenus dans les maisons de jeux, quoique assurément ces lieux soient publics. Cette espèce est placée dans la ligne correctionnelle par la loi de juillet 1791 ; et l'article 410 du nouveau code l'y maintient par la nature même de la punition qu'il inflige ; il prononce une amende de 100 fr. à 600 fr., qui ne doit jamais être appliquée par les juges de paix ; ils se bornent donc à connaître de cette contravention, lorsqu'elle est commise dans les rues, chemins, places et lieux publics.

6° « La vente ou le débit des boissons falsifiées,

sans préjudice des peines plus sévères qui seront prononcées par les tribunaux correctionnels, dans le cas où il y aurait des mixtions nuisibles à la santé. » *V.* mes observations à l'article Boissons falsifiées.

7° « La divagation des fous ou des furieux, ou des animaux malfaisants ou féroces. L'action d'exciter les chiens lorsqu'ils poursuivent ou attaquent les passants, et même la négligence de les retenir, quand il n'en serait résulté aucun mal ni dommage. »

Pour la première partie, *V.* Animaux malfaisant ; pour la seconde partie, *V.* Chiens.

8° « Le jet volontaire de pierres ou d'autres corps durs ou d'immondices contre les maisons, édifices ou clôtures d'autrui, ou dans les jardins ou enclos; le même jet de pareils corps sur quelqu'un.»

L'article 13 de la loi de juillet 1791, et le huitième paragraphe de l'article 605 du code de brumaire an 4, classaient dans la compétence correctionnelle, toutes blessures ou coups donnés volontairement. Il y a une légère innovation dans ce huitième article, à l'égard du jet volontaire de corps durs, ou de pierres sur les personnes, ce qui est assurément une manière de frapper ou même de blesser, dont la justice de police doit maintenant connaître. Cependant si le jet volontaire occasione une blessure, une maladie, une incapacité de travail personnel pendant plus de vingt jours, alors le fait devient correctionnel.

9° « Le passage sur des terrains chargés de blés en tuyau, de raisins ou autres fruits mûrs, ou près de leur maturité, par ceux qui sont sans droit à ce terrain. »

Ce fait se rapproche beaucoup du treizième paragraphe de l'article 471 du nouveau code, qui interdit tout passage sur des terrains préparés ou ensemencés. La loi élève ici la peine, parce que le dommage doit être nécessairement plus grand. Ainsi ces deux dispositions n'ont d'autre différence que le temps où le passage est fait, suivant qu'il est plus ou moins éloigné de la maturité des fruits.

10° « Autre passage de bestiaux, animaux de trait ou autres sur les terrains chargés d'une récolte, en quelque saison que ce soit, et encore dans les bois taillis. »

Cet article, comme le précédent, a certaine ressemblance avec un autre ; il paraît d'abord être le même que le n° 14 des contraventions de première classe, qui réprime un passage d'animaux sur les terrains d'autrui avant l'enlèvement de la récolte ; mais cette ressemblance cesse après quelques réflexions, parce que l'on voit qu'ici il s'agit d'un passage en toute saison sur un champ garni d'une récolte. *V.* Bois TAILLIS.

11° « Le refus de recevoir les espèces et monnaies nationales, non fausses, ni altérées, selon la valeur pour laquelle elles ont cours. »

12° « Le refus ou la négligence de faire les travaux, les services, ou de prêter secours dans les circonstances d'accidents, tumultes, naufrages, inondations, incendies ou autres calamités, ainsi que dans les cas de brigandages, pil-

lages, flagrant délit, clameur publique ou d'exécution judiciaire. »

Cependant il n'y a contravention dans ces circonstances que de la part de ceux qui ont été requis
par l'autorité, ou du moins par un officier de police, de faire les services, et donner les secours
requis. L'article 17 de la loi de juillet 1791, punissait d'une amende égale au quart de la contribution mobilière du délinquant, le refus de pareils
secours et services. Cette peine variait donc suivant les facultés des personnes, et se trouvait rarement dans la compétence des juges de police,
si ce n'est dans le cas de son *minimum* fixé à trois
francs. Aujourd'hui point de variations sur le taux
de la peine, ni dans la compétence.

13° « Toute publication ou distribution d'ouvrages, écrits, avis, bulletins, affiches, journaux,
feuilles périodiques ou autres imprimés, dans lesquels ne se trouvera pas l'indication vraie des
noms, profession et demeure de l'auteur ou de
l'imprimeur, sera pour ce seul fait, puni d'un
emprisonnement de six jours à six mois, contre
toute personne qui aura sciemment contribué à
la publication ou distribution.

Tel est le texte de l'article 283 du nouveau code
pénal; mais l'article 284 réduit ces dispositions
aux peines de simple police, à l'égard des crieurs,
afficheurs, vendeurs, distributeurs qui auront
fait connaître l'imprimeur, et à l'égard de l'imprimeur qui aura fait connaître l'auteur. Ainsi les
juges de paix sont compétents dans ces derniers

cas, et la peine qu'ils appliquent est celle de l'article 475.

« Toutes expositions ou distributions de chansons, pamphlets, figures ou images contraires aux bonnes mœurs, seront punies d'une amende de 16 fr. à 500 fr., d'un emprisonnement d'un mois à un an, et de la confiscation des planches, exemplaires gravés ou imprimés. » (*Art.* 287. *ibid.*)

Cette disposition est réduite aux peines des contraventions de deuxième classe envers les crieurs, vendeurs ou distributeurs qui auront fait connaître celui qui leur a remis l'objet du délit ; envers quiconque aura fait connaître l'imprimeur ou le graveur, et envers l'imprimeur ou le graveur qui aura fait connaître l'auteur ou la personne qui les aura chargés de l'impression ou de la gravure.

Ici se terminent les contraventions de deuxième classe que les juges de police punissent en première instance par une amende graduée de six à dix fr. pour la première fois ; et par cinq jours de prison en cas de récidive, sans préjudice de l'amende.

Cependant on peut prononcer l'emprisonnement pour un premier fait suivant les circonstances, mais pendant trois jours seulement, contre les rouliers, charretiers, voituriers et conducteurs en contravention ; contre ceux qui ont violé les réglements sur la rapidité, le chargement ou la mauvaise direction des voitures et des animaux; contre les vendeurs et débitants de boissons falsifiées ; enfin contre ceux qui auraient jeté volontairement des immondices ou des corps

durs contre quelqu'un. C'est à la prudence du juge
à déterminer quelles circonstances méritent la
peine de prison dès la première contravention.

Mais la confiscation est impérieusement prononcée : 1° des tables, instruments et appareils
des loteries, ainsi que des fonds et enjeux ; 2° des
boissons falsifiées ; 3° des écrits ou gravures contraires aux bonnes mœurs, lesquels doivent être
mis sous le pilon...

CONTRAVENTIONS DE TROISIÈME CLASSE. « Les contraventions de police s'étendent à toutes les offenses contre les personnes ou contre les propriétés
qui ne sont pas assez graves pour autoriser des
punitions sévères, mais dont la punition importe
au bon ordre. »

Ainsi s'exprimait le rapporteur de la commission de législation qui a présenté le nouveau code. Parmi les faits de cette troisième
classe, il en est qui peuvent violer la foi publique ;
il en est d'autres qui précédemment étaient punis
comme escroqueries ; aussi la loi, reconnaissant
la nécessité de les réprimer sévèrement, a élevé
la peine qu'elle leur inflige au *maximum* de celles
de police simple. Voici ces contraventions : « Sont
punis d'une amende de 11 à 15 francs inclusivement, »

1° « Ceux qui, hors les cas prévus depuis l'article 434, jusque et compris l'article 462, auront
volontairement causé du dommage aux propriétés
mobilières d'autrui. »

Ces faits peuvent être très-nombreux, mais ils
souffrent de grandes exceptions : il serait trop

long de les rappeler ici, même sommairement.
*Voyez mon Commentaire sur la législation de
simple police.*

Il importe de bien connaître ces exceptions,
parce que plusieurs ont des rapprochements particuliers avec certains faits attribués à la police.
Ici la mort des animaux est réprimée par le juge
de paix, et là elle l'est correctionnellement. La
nécessité seule fait la distinction. Ailleurs l'action de cueillir des fruits de la terre est punie
par la police, tandis que celle de les couper en
vert est punie correctionnellement. On trouve
encore d'autres rapprochements que ces exceptions seules empêchent de confondre. En général
on peut dire que toute action volontaire commise
sans dévastation, réunion ou force ouverte, et
qui n'a pas un seul caractère des faits compris
dans les articles 234, jusqu'à 262 du nouveau
code, doit être regardée comme fait de simple
police.

2° « Ceux qui ont occasioné la mort ou la
blessure des animaux ou bestiaux appartenants à
autrui, par l'effet de la divagation des fous ou
furieux, ou d'animaux malfaisants ou féroces (1),
ou par la rapidité, ou la mauvaise direction et le
chargement excessif des voitures, chevaux, bêtes
de trait, de charge ou de monture ; »

3° « Ceux qui ont occasioné les mêmes dommages par l'emploi ou l'usage d'armes sans pré-

____

(1) *Bestiæ feræ, mansuetæ, mansuefactæ.*

caution et avec maladresse, ou par le jet de pierres ou d'autres corps durs ; »

4° « Ceux qui ont causé les mêmes accidents par la vétusté, la dégradation, le défaut de ré-paration ou d'entretien des maisons ou édifices, ou par l'encombrement ou l'excavation, ou telles autres œuvres, dans ou près les rues, chemins, places ou voies publiques, sans les précautions ou signaux ordonnés ou d'usage. »

Ces faits sont traités particulièrement dans cet ouvrage. *V.* Blessures d'animaux.

5° « Ceux qui auront de faux poids et de fausses mesures dans leurs magasins, boutiques, ateliers, ou maisons de commerce, ou dedans les halles, foires ou marchés, sans préjudice des peines qui seront prononcées par les tribunaux de police correctionnelle, contre ceux qui auraient fait usage de ces faux poids ou de ces fausses me-sures. »

6° « Ceux qui emploieront des poids ou des mesures différents de ceux qui seront établis par les lois en vigueur. »

Ces dispositions m'ont paru mériter des déve-loppements particuliers, que je donne à l'article Poids et mesures.

7° Les gens qui font le métier de deviner, de pronostiquer, ou d'expliquer les songes. »

Ceux qui abusent de la crédulité du peuple par des prédictions bizarres, des menaces éphémères, ou des espérances folles, sont bien coupables. Ils commettent non-seulement des escroqueries, mais encore ils peuvent détruire le bonheur des

époux, semer la division dans les familles, exciter
la haine et la vengeance, alarmer les consciences
et troubler le repos des faibles qui les écoutent.
Aussi, avant le dernier code, on appliquait à ces
prétendus devins, l'article 35 de la loi de juillet
1791, relatif aux escrocs.

Une police sage ne doit point souffrir dans les
rues et places publiques, ces faiseurs d'horoscopes;
leurs instruments, tables, tréteaux, ustensiles
doivent être confisqués. Il en doit être ainsi à l'égard
de ceux qui, pour se donner plus d'importance,
se renferment mystérieusement dans quelque lieu
que ce soit. On doit même redouter de ceux-ci,
plus d'impression sur les esprits faibles et plus
d'escroqueries.

8° « Les auteurs ou complices de bruits ou tapages injurieux ou nocturnes, troublant la tranquillité des habitants. *V*. ATTROUPEMENTS.

Tels sont les faits caractérisés contraventions
de troisième classe ; ils ne sont pas tous uniquement
ment punis de l'amende de 11 francs à 15 francs;
il en est qui le sont encore d'un emprisonnement
de 5 jours au plus. Cette peine s'applique suivant
les circonstances, à ceux qui ont occasioné la
mort ou la blessure d'animaux, dans le cas de
la troisième contravention ; aux possesseurs de
faux poids et de fausses mesures, à ceux qui em-
ploient des mesures et des poids différents de ceux
que la loi a établis ; aux interprètes de songes et
aux auteurs ou complices de bruits, ou tapages
injurieux ou nocturnes. Mais en cas de récidive,
la peine de prison est nécessairement appliquée

pendant 5 jours, pour tous les faits de troisième classe. Au reste, la loi prononce dans tous les cas, la confiscation des fausses mesures et des faux poids, de ceux qui ne sont pas établis par la loi, et des instruments ou ustensiles des devins, charlatans ou des interprètes de songes.

CONTRAVENTIONS RÉGLÉES PAR DES LOIS PARTICU-LIÈRES.

Disposition générale. « Dans toutes les matières qui n'ont pas été réglées par le présent code et qui sont régies par des lois et réglements particuliers, les cours et les tribunaux continueront de les observer. » (*Article 484, Code pénal.*)

On trouve dans les anciennes lois pénales des dispositions semblables. Celle de juillet 1791, ordonnait l'exécution des réglements précédents pour certaines parties du système législatif de police. La loi du 21 septembre 1792 disait, que jusqu'à ce qu'il en eût été ordonné autrement, les lois non abrogées seraient exécutées. Le code de brumaire an 4, renvoyait à l'ordonnance de 1669 pour les délits forestiers.

Il s'agit donc de développer ici les délits de police simple, qui ne sont pas compris dans le nouveau code, ce qui complétera le système des contraventions. C'est ce que je vais faire, non par de simples opinions, mais d'après les lois et réglements anciens dont la force est conservée pour cette série complémentaire.

Premier fait. « Laisser vaguer et paître des bestiaux sur les terrains d'autrui, non préparés ni ensemencés. Garder ces animaux à vue sur les mêmes terrains. »

Pour les développements de ces premiers faits, *V.* Bestiaux laissés a l'abandon, Bestiaux gardés a vue.

Deuxième fait. *Saisies de bestiaux pris en dégât.* Elles se sont diversement opérées. Un ancien réglement permettait au propriétaire lésé de saisir les bestiaux trouvés sur ses propriétés, en lui accordant le droit d'en être cru à son affirmation sur le fait de la saisie, pourvu que le dommage ne s'élevât qu'à une modique somme.

Cette dernière disposition n'a point été renouvelée : la loi de septembre 1791 permet seulement au propriétaire lésé de saisir les bestiaux sous l'obligation de les faire conduire dans les vingt-quatre heures au dépôt désigné par la municipalité.

Ni le code pénal, ni celui d'instruction n'ont rien prescrit sur les saisies de bestiaux trouvés en dommage. Ainsi, le droit de les saisir et le mode d'exécution demeurent réglés et conservés par la loi de septembre 1791, dont je viens de parler.

Si les bestiaux ne sont point réclamés après la saisie, la vente doit en être faite pour satisfaire à l'indemnité due pour le dommage et aux frais. La même loi a fixé un délai de huit jours pour réclamer les bestiaux saisis, après lequel elle permet d'en faire la vente. Cependant, on doit d'abord en obtenir l'autorisation par une ordonnance du juge compétent, c'est-à-dire, du président du tribunal de première instance, s'il y a délit, ou du juge de paix s'il n'y a que contravention. Cette ordonnance se rend sur une simple requête communiquée au ministère public : ensuite la vente se fait par le premier officier ministériel requis, après affiches.

Quatrième fait. *Droit de parcours.* Le temps avant lequel les pâtres et bergers dans les pays de parcours, ne peuvent mener les troupeaux d'aucune espèce dans les champs moissonnés et ouverts, est fixé à deux jours après l'enlèvement des récoltes, par la loi de septembre 1791. L'amende contre les contrevenants, est de la valeur d'une journée de travail. Elle est double si les bestiaux ont pénétré dans un enclos rural.

La même loi a prononcé l'abolition du droit de parcours hors certains cas. 1° « La servitude réciproque de paroisse à paroisse, connue sous le nom de parcours, et qui entraîne avec elle le droit de vaine pâture, continuera provisoirement d'avoir lieu, lorsque cette servitude sera fondée sur un titre ou sur une possession, autorisée par la loi et les coutumes ; à tous autres égards elle est abolie. »

2° Les droits de parcours et de vaine-pâture n'empêchent, en aucun cas, la clôture des héritages et tout le temps que dure cette clôture, il n'y a cependant lieu ni au parcours, ni à la vaine pâture. » La cour de cassation a jugé positivement le contraire par arrêt du 14 fructidor an 9. *Voyez-le au journal des audiences de la cour de cassation par Denevers. V. aussi l'article* 648, *Code civil.*)

3° « La clôture affranchit de la vaine pâture, même entre particuliers, s'il n'y a titre exprès du contraire. »

Ces différentes dispositions n'étant pas prévues par le code pénal, elles doivent subsister comme des faits réglés par des lois particulières (1). Quant au mode d'exercice du droit de parcours, la cour de cassation a décidé qu'il ne peut être pratiqué que suivant l'usage local, lors même qu'un individu l'exerce sur ses propres héritages assujettis à ce droit. (*Arrêt du* 30 *brumaire an* 13.) Au reste, la même cour a jugé que les réglements sur cet exercice appartiennent à l'autorité administrative dont les décisions ne peuvent être réformées par les tribunaux, sauf à eux à prononcer sur les délits ou contraventions relatifs au parcours. Telles sont les dispositions d'un second arrêt du premier frimaire an 12.

Cinquième fait. *Maraudage.* Quand il se rattache aux dispositions du Iᵉʳ paragraphe de l'article 479 du code pénal, c'est-à-dire, lorsqu'il caractérise un dommage volontaire occasioné aux propriétés mobilières d'autrui, il doit être puni de l'amende de 11 francs à 15 francs, suivant les circonstances. Mais, dans les autres cas, il doit être jugé suivant la loi du 6 octobre 1791. Dans tous les cas, pour que le juge de paix soit compétent pour connaître du maraudage, il faut que le fait soit simple et sans aucune circonstance aggravante :

(1) *V.* la *section* 2 *du titre* Iᵉʳ *de la loi du* 29 *septembre, sanctionnée le* 6 *octobre* 1791.

telle que dévastation, réunion, escalade, force ouverte, car alors il serait essentiellement de la compétence des juges supérieurs.

Sixième fait. *Refus ou négligence d'enfouir les bestiaux morts. V.* BESTIAUX MORTS.

Septième fait. *Divagations de chèvres.* « Dans les lieux non sujets au parcours ni à la vaine pâture, il sera payé une amende d'une journée de travail, par le propriétaire de chaque chèvre, trouvée sur le terrain d'autrui. »

« Dans les pays où les chèvres ne sont pas rassemblées en troupeau commun, celui qui en fera conduire aux champs sans être attachées, sera condamné à la même amende par tête d'animal. »

« L'amende sera double, lorsque ces animaux auront fait du dommage aux arbres, haies, vignes, jardins, en quelques circonstances que ce soit.» (*Article* 18 *du titre II de la loi du* 6 *octobre* 1791.)

Les dégâts faits dans les bois taillis des particuliers ou des communautés par des chèvres, seront punis d'une amende de deux livres par tête de chèvre. Si les bois taillis sont dans les six premières années, l'amende sera double; elle sera triple quand le délit sera commis en présence du pâtre; elle est double encore quand il y a récidive dans l'année; mais elle est quadruple, quand à la récidive se joignent les deux circonstances précédentes. (*Article* 38 *du titre II de la loi d'octobre* 1790. *Arrêt semblable de la cour de cassation du* 6 *juin* 1817.)

Cet arrêt a même jugé que l'autorisation donnée par un maire de faire paître des bestiaux dans les bois taillis, ne s'applique pas aux chèvres, et qu'ainsi il y a délit, malgré la permission, à l'égard de ces animaux malfaisants.

Cette exception faite par l'ordonnance de 1669. (*Article* 13, *titre XIX. V.* Bois taillis, *pour les autres animaux.*)

Huitième fait. *Violations de clôtures.* Celles commises par les voyageurs dans les champs, ne doivent pas être confondues avec le vol de bois sec ou vert, des haies et fossés; ce dernier fait est correctionnel, mais l'autre n'est qu'une dégradation. D'ailleurs, le vol de bois des haies, est prévu et classé correctionnellement par le nouveau code, et la violation de clôtures ne l'est pas. *V.* Violation de clôtures.

Neuvième fait. *Négligence des bergers. V.* Bergers.

Dixième fait. *Menaces verbales.* Celles de nuire, de frapper, d'insulter, ont en général toujours été du domaine de la simple police. Aucune disposition du nouveau code ne parle de menaces verbales simplement injurieuses. Dès lors on doit continuer de les regarder comme réglées par les lois précédentes (1); cependant il faut en excepter les menaces qui pourraient se rattacher à la classe des injures prévues depuis l'article 367 jusqu'à l'article 378, lesquelles sont punies correctionnelle-

(1) *Lois de juillet et septembre* 1791; *art.* 605, *Code de brumaire an* 4.

ment ; de même il faut excepter les menaces
d'assassinat, d'empoisonnement, d'incendie, faites
avec ordre ou condition, par écrit signé ou anonyme, et même verbalement. Toutes ces menaces
sont reprimées par d'autres juges que ceux de
police. Il ne reste donc, dans les attributions des
derniers, que les menaces verbales, injurieuses
ou outrageantes, considérées comme les injures
verbales elles-mêmes par l'article 605 du code de
brumaire.

Onzième fait. *Voies de fait et violences légères.*
Ces contraventions étaient établies dans les attributions de la police par l'article 19 de la loi de
juillet 1791. Le code de brumaire an 4 les y a
confirmées. Mais le dernier code n'en parle pas.
Les seuls faits de violences dont il parle, sont ceux
qu'il établit depuis l'article 222, jusqu'à l'article
233, qui, tous relatifs aux magistrats dans l'exercice de leurs fonctions, sont punis de peines
excédant celles de simple police. Ainsi, d'après
la règle générale de l'article 484 du code pénal,
on doit encore suivre les dispositions de celui de
brumaire, à l'égard des voies de fait et violences
légères.

Le rapporteur de la commission de législation
civile et criminelle du corps législatif, disait en
parlant de ces violences : « Les coups comme les
injures peuvent n'être, dans quelques cas, que de
simples contraventions de police. »

Il serait désirable que la commission eût expliqué ces cas, et que la loi eût consacré l'explication.
Je pense que si le juge de police reprime certains

coups , qu'ils doivent être très-légers , si non , le fait devient correctionnel.

C'est ainsi que l'on doit décider à l'égard du jet volontaire de corps durs, sur quelqu'un, dont la connaissance est attribuée aux juges de police; c'est ainsi que la cour de cassation, elle-même, l'a jugé le 3 septembre 1807. L'arrêt déclare expressément que les voies de fait et violences légères , cessent d'avoir le caractère de contravention et deviennent de la compétence correctionnelle, si ceux qui en sont les auteurs ont *fortement* frappé ou blessé quelqu'un.

Douzième fait. *Ventes de comestibles gâtés.* Plusieurs lois anciennes, divers réglements locaux, les lois de juillet 1791 et le code de brumaire an 4, ont toujours puni des peines de simple police, ceux qui exposent en vente des comestibles gâtés, corrompus ou nuisibles. Le nouveau code ne contient aucune disposition sur ce point. Mais ce silence , sur un objet qui tient d'aussi près à l'intérêt public, ne peut pas être regardé comme un empêchement à poursuivre ceux qui, pour un gain odieux , osent trafiquer de la santé et de l'existence des particuliers.

On doit, au contraire, regarder comme positif, que la vente des comestibles gâtés ou nuisibles, reste toujours réglée par les lois particulières, auxquelles le nouveau code renvoie par son dernier article. Les peines qu'il y a lieu d'infliger en ce cas, sont celles fixées par les articles 605 et 606 du code de brumaire an 4.

Treizième fait. *Ventes de pains et de viandes*

au-dessus de la taxe. Il est aussi juste que nécessaire de placer cette contravention dans la ligne de celles qui restent régies par des réglements particuliers. Tel fut l'avis de la commission qui proposa le dernier code pénal, dont l'orateur s'exprime ainsi :

« A la suite du chapitre IV, se trouve dans l'article 484 et dernier, une disposition générale qui s'applique au code entier, et qui mérite toute votre attention. Cet article dit : »

« *Dans toutes les matières qui n'ont pas été réglées par le présent code et qui sont régies par des lois et réglements particuliers, les cours et les tribunaux continueront de les observer.* »

« Cette disposition était d'absolue nécessité, elle maintient les dispositions pénales sans lesquelles quelques lois, des codes entiers, des réglements généraux d'une utilité reconnue, resteraient sans exécution. »

« Ainsi, cette dernière disposition conserve les lois et réglements actuellement en vigueur, relatifs aux dispositions du code rural, etc. ; aux *contraventions des tarifs pour les prix de certaines denrées,* etc. »

Or, nulle part, le code pénal n'établit de dispositions sur les tarifs de denrées taxées par l'autorité. Il faut donc se reporter aux lois qui contiennent ces dispositions.

L'article 605 du code de brumaire an 4 est ainsi conçu : « Sont punis de peines de simple police, 1° ceux, etc. 6° Les boulangers et bouchers qui vendent le pain ou la viande, au-delà du prix fixé par la taxe, légalement faite ou publiée. »

Ainsi, il convient encore d'appliquer à ces contraventions, ou une amende de trois journées de travail, ou un emprisonnement qui n'excède pas trois jours : ce sont les peines de police déterminées par l'article 600 du même code de brumaire.

On peut ajouter à cela que les articles 15 et 16 des nombreuses ordonnances rendues en 1813, 1814 et 1815, spécialement pour l'exercice de la profession de boulanger (articles assez généralement conçus dans les mêmes termes, dans les différentes ordonnances), feraient cesser tous les doutes s'il en était élevé sérieusement sur les attributions de la police simple à connaître des contraventions à la taxe des pains et viandes, puisque l'article 15 les place au rang des contraventions, et que l'article 16 ordonne qu'elles seront reprimées par les tribunaux de police. *V.* Poids et mesures.

Quatorzième fait. *Port d'armes.* Trois distinctions doivent être faites, relativement au port d'armes.

1° Il existe plusieurs réglements administratifs qui déterminent l'obligation du port d'armes, sa durée, ses conditions, le désarmement des contrevenants et les dispositions pénales. Les juges ne peuvent jamais s'immiscer dans les mesures administratives : il leur est défendu d'en entraver l'exécution. Les lois des 24 août 1790 et 16 fructidor an 3, contiennent des dispositions formelles sur ce point. Mais aussi les juges ne peuvent regarder comme des délits ou contraventions, des faits qui ne seraient déclarés tels que par des actes administratifs, parce que la loi seule peut donner le caractère de réprobation punissable, à tel fait plutôt qu'à telle action. Ces principes, qui ne sont pas nouveaux, ont été respectés, consacrés par trois arrêts de la cour suprême en date des 4, 25 mai et 3 août 1810, qui ont cassé divers jugements de police contraires à ces maximes. Cependant, il faut le dire, les tribunaux sont tenus de seconder l'exécution des mesures administratives, par tous les moyens qui sont dans le cercle de leur autorité, laquelle se borne à faire l'application de la loi et des ordonnances royales; et là où elles se taisent, les juges sont sans pouvoir. Cette autre règle est confirmée par l'arrêt du 25 mai déjà cité.

2° La déclaration du 23 mai 1728 a prohibé entièrement et sans restriction le port d'armes cachées, telles que poignards, épées en bâtons, stylets, etc.

Le décret du 12 mars 1806 a renouvelé ces dispositions et les a étendues; mais la répression du port de ces sortes d'armes appartient uniquement aux tribunaux correctionnels, d'après les peines qui sont déterminées par la loi.

3° Le port d'armes de chasse, ou d'autres armes non cachées, est maintenant placé dans la compétence des juges de police. Les lois des 24 août 1790, 9 juillet 1791 et 3 brumaire an 4, n'ont rien statué sur ce fait, mais elles n'ont point abrogé la déclaration du 14 juillet 1716, qui a défendu le port d'armes de chasse et autres, sous peine de 10 francs d'amende, et de 5o francs pour la récidive, outre un mois de prison et la confiscation.

Dès que cette déclaration n'est pas abrogée, et que le nouveau code pénal renvoie les faits qu'il n'a pas prévus aux lois particulières qui les ont réglés, il est convenable d'appliquer la peine de 10 francs d'amende au fait simple de port d'armes sans permission ; mais les juges de police ne pourront connaître de la récidive, puisque la peine en ce cas excède leur compétence.

La cour de cassation a jugé le 12 février 1808, que les contraventions aux lois sur le port d'armes étaient de la compétence correctionnelle. Cela était exact alors, parce que les juges de police ne prononçaient pas d'amende plus forte que la valeur de trois journées de travail, valeur qui ne s'élevait jamais à 10 francs ; mais maintenant encore le *minimum* des amendes correctionnelles est fixé à 16 francs. Cet arrêt se trouve sans application à la nouvelle jurisprudence de police ; et c'est bien le cas de dire : *qui potest majùs, potest minùs.*

Quinzième fait. Tout maréchal ferrant qui saigne et médicamente les chevaux dans les rues, encourt les peines de simple police. Ainsi jugé par arrêt de la cour de cassation du 3o frimaire an 13. Ainsi on doit considérer ce fait comme ceux d'obstruer la voie publique, ou d'y déposer des choses insalubres, et infliger la même peine pour les uns et les autres ; c'est-à-dire l'amende d'un franc à cinq francs. (*Article* 471, *Code pénal.*)

Seizième fait. Tous travaux extérieurs, ventes ou étalages publics, les jours de fêtes et dimanches, sont des contraventions non prévues par le code pénal, mais établies par des lois particulières. *V*. Fêtes et dimanches.

Dix-septième fait. Les anticipations sur les chemins vicinaux par voie de fait, sont encore des contraventions. C'est ce qui a été jugé par arrêt de la cour de cassation du 30 janvier 1807. *V*. Chemins publics.

Ici se terminent les contraventions non prévues par le code pénal, mais qui restent établies et réglées par des lois particulières, comme on l'a dit.

Contrefaçon (la) est un délit. (*Article 425 du Code pénal.*) Sous le rapport de la saisie des objets contrefaits, elle est de la compétence des juges de paix. *V*. Auteurs, Brevets d'inventions.

Convention. C'est un pacte ou engagement fait entre deux ou plusieurs personnes, par lequel l'une s'engage envers l'autre, à faire ou donner quelque chose, ou par lequel encore deux personnes s'obligent respectivement.

En France, toute obligation licite, de quelque nature qu'elle soit, produit une obligation civile, une action, *vinculum juris*. Il n'en était pas ainsi sous l'empire des lois romaines, qui ne reconnaissaient ce double effet que dans certaines conventions. *V*. la traduction des *Instituts, titre XIV du troisième livre.*

En général, les actions qui naissent des conventions mobilières, ou pures personnelles, sont de la compétence des juges de paix, lorsqu'elles n'excèdent pas 100 francs, ou lorsqu'elles sont du nombre de celles dont ils connaissent sans limitation, c'est-à-dire, jusqu'à une valeur indéterminée. C'est pourquoi je tracerai ici quelques principes généraux applicables aux conventions.

Celles qui sont contraires aux mœurs et aux lois sont toujours impuissantes et nulles; on ne peut leur donner aucune suite légale : cependant, lorsqu'un individu s'est obligé pour lui-même ou pour les siens, à ne pas faire une telle espèce de commerce dans un lieu *désigné*, une telle convention n'est point illicite ni immorale, elle doit être exécutée. La cour de cassation l'a ainsi jugé, par arrêt du 4 frimaire an 3.

La validité des conventions exige nécessairement le libre consentement des parties, la capacité ou le pouvoir de s'obliger, enfin un objet certain qui forme la matière de l'engagement.

Tout engagement contracté par erreur, violence ou dol, peut être annulé, même quand il aurait été suivi d'exécution : *quod nullum est ipso jure, perperàm et inutiliter confirmatur.* Telle était la jurisprudence ancienne; mais la loi nouvelle admet l'approbation pour légitimer la violence. « Un contrat ne peut plus être attaqué pour cause de violence, si, depuis qu'elle a cessé, ce contrat a été approuvé, soit expressément, soit tacitement, soit en laissant passer le temps de la restitution fixé par la loi. » (*Article 1115, Code civil.*)

Des engagements non synallagmatiques, comme billets, obligations, promesses simples, doivent être notifiés : autrement, s'ils sont faits sans cause, ou sur cause fausse, on peut les présumer avoir été faits *ob turpem vel injustam causam.* Aussi, l'article 1131 du code dit expressément que de tels engagements ne peuvent avoir aucun effet ; mais s'il s'agit d'une simple convention, elle n'est pas moins valable, quoique la loi le distingue elle-même.

Si, cependant, on prouvait la réalité de la cause non exprimée dans un billet, ou promesse, je crois qu'il devrait valider, parce que la preuve remplirait le vœu de la loi.

Les conventions forment la loi des parties qui les ont souscrites : elles ne peuvent jamais se détruire que par la réunion des mêmes volontés qui les ont formées, à moins que des causes particulières, prononcées par les lois, n'en disposent autrement. L'exécution de ces sortes d'engagements doit donc toujours être faite purement et simplement ; aussi on les juge *secundùm allegata et probata.* On étend leur suites à tout ce que l'équité, l'usage ou la loi donnent à la nature de la chose voulue. (*Article* 1135, *Code civil.*) Mais si la convention a été produite par le dol ou la fraude, elle est nulle ; sur quoi il faut observer que le dol puni par l'article 1116, n'est pas le dol réel, *dolus re ipsâ*, mais bien le dol personnel, *dolus malus.* C'est ce qui a été jugé affirmativement par la cour de cassation le 4 juin 1810.

Nulle convention ne peut engager que ceux qui l'ont contractée ; elle ne peut être opposée à des tiers, sous aucun prétexte. *Res inter alios actœ neque prodest alteri, neque nocet.* Enfin, toute obligation de faire, ou de ne pas faire, qu'on refuse d'exécuter, donne lieu à des dommages-intérêts contre le refusant, sauf à la partie lésée à demander l'exécution de la chose promise, lorsqu'il s'agit d'obligation de faire, ou à se faire autoriser à détruire ce qui aurait été fait contre l'engagement.

Coups. Les juges de paix connaissent de certains coups. *V.* Contraventions de deuxième classe, n° 8, et contraventions réglées par des lois particulières, *article :* Voies de fait et Violences légères.

Cours d'eau. Les fonds inférieurs sont assujettis à recevoir les eaux des terrains plus élevés; ainsi le veut la nature et l'ordre. Cependant il n'en est pas ainsi, quand il s'agit de cours provenant d'ouvrages industriels.

Le propriétaire du terrain inférieur ne peut empêcher l'écoulement naturel des eaux; de même le propriétaire supérieur ne peut aggraver cette servitude. Celui qui possède une source d'eau dans son terrain, peut en user à volonté, mais sans nuire aux droits des tiers, ni sans pouvoir en détourner le cours lorsqu'il est consacré à l'usage du public. Ainsi le propriétaire riverain d'un ruisseau ou rivière non déclarée domaine public, peut s'en servir à son passage pour l'irrigation de ses propriétés; ainsi celui dont le terrain est traversé par le cours d'eau, peut en user suivant ses besoins, à la charge de le laisser libre à la sortie de son fond. La cour de Paris l'a jugé ainsi par un ar

rêt du 9 juillet 1806, et de même celle de cassation, le 15 juillet 1807. (*V. Code civil annoté par
Sirey, page* 234.)

Tels sont les nouveaux principes que le code
civil a établis sur cette matière ; principes opposés
à l'ancienne jurisprudence, qui permettait au propriétaire d'un fonds, dans lequel un cours d'eau
prenait sa source, de le supprimer à volonté, soit
en le conduisant par un canal en quelque partie
de son fonds, soit même en faisant un puits : divers parlements l'avaient ainsi jugé ; le plus ancien arrêt est du 13 août 1644, et le plus moderne
est du 22 août 1667. *V. la Collection d'Henri,
tome* 2, *pages* 999 *et suivantes.*

Cette jurisprudence avait sans doute été puisée
dans *la loi* 6, *Cod. de servit. et aquâ*, dont voici
le texte : « *Præses provinciæ usu aquæ quam
ex fonte juris tui profluere allegas, contra statu-
tam consuetudinis formam carere te non permittit;
cùm si durum et crudelitati proximum, ex tuis præ-
diis aquæ agmen ortum, sitientibus agris tuis,
ad alienorum usum vicinorum injuriâ propagari.* »

Dumoulin étendait plus loin ces principes, car
il voulait que le cours d'eau pût être détourné
ou retenu par le premier propriétaire dont il tra-
versait le fonds, quand même il aurait pris sa source
plus haut. (*Ad consil. alex.* 69, *vol.* 5 , *tome* 3 ,
page 61.)

Au reste, notre nouveau code prescrit, malgré
ces changements, l'exécution des réglements particuliers et locaux. (*Article* 645.)

Les entreprises sur les cours d'eau servant à

l'irrigation des prés et autres commises dans l'année, sont de la compétence des juges de paix, savoir en dernier ressort jusqu'à 5o francs, et en première instance sans limitation. (*Loi du 24 août 1790, article* 10 *du titre* 3. *Arrêt de la cour de cassation du* 24 *février* 1808.)

CULTE. *V*. CÉRÉMONIES PUBLIQUES, FÊTES ET DIMANCHES.

D.

DÉCLARATIONS DES MAIRES ET ADJOINTS. « Dans chaque commune, l'agent municipal, ou, à son défaut, son adjoint, sont tenus de donner avis au juge de paix, *sans aucun délai*, de la mort de toute personne de son arrondissement, qui laisse pour héritiers des pupilles, des mineurs ou des absents.

» Les agents et adjoints qui négligeront cette partie de leurs devoirs, seront dénoncés à l'administration centrale pour être procédé à leur égard conformément à l'article 193 de l'acte constitutionnel. » (*Article* 182 *de la loi du* 22 *prairial an* 5.)

Ces dispositions ne sont point changées ; elles sont au contraire confirmées par le nouveau code de procédure qui précise plus particulièrement les cas des déclarations que les maires et adjoints doivent faire sous leur responsabilité aux juges de paix.

Voici le texte de l'article 911 de ce code. « Les scellés seront apposés, soit à la diligence du ministère public, soit sur *la déclaration du maire ou adjoint de la commune*, et même d'office, par le juge de paix, 1° si le mineur est sans tuteur, et que le scellé ne soit pas requis par un parent.

» 2° Si le conjoint ou si les héritiers, ou l'un deux, sont absents; 3° si le défunt était dépositaire public, auquel cas le scellé ne sera apposé que pour les objets de ce dépôt et sur les objets qui le composent. »

Il est pénible, mais nécessaire, de dire que les déclarations prescrites ici aux maires et adjoints, sont faites avec une négligence singulière, et que le plus souvent même elles ne se font pas; aussi il est fréquent d'entendre des plaintes sur des soustractions qui auraient été prévenues par une apposition de scellés activement faite. Il est fréquent de voir des cohéritiers dilapider la fortune des mineurs, et ceux-ci ruinés par l'insolvabilité de leurs zélés parents; il est fréquent encore de voir des absents et des créanciers frustrés de leurs droits dans les successions par des désordres qui eussent été prévenus par une déclaration du maire ou de l'adjoint. Il est à désirer que les législateurs prennent des mesures coercitives pour assurer l'exactitude des déclarations qui doivent être faites dans les circonstances dont nous parlons.

DÉCLARATIONS DES PARTIES qui demandent volontairement à être jugées. *V.* COMPARUTION VOLONTAIRE.

DÉCLINATOIRE. C'est l'exception d'une partie traduite devant un juge, tendant à être renvoyée devant un autre, qu'elle prétend être seul compétent pour prononcer sur la cause, *vel ratione domicilii, vel ratione rei.*

L'exception déclinatoire doit se proposer avant toute autre, et même avant la défense; autrement l'incompétence est couverte : c'était une règle générale de l'ancienne jurisprudence, que la cour de cassation a confirmée par un arrêt du 5 frimaire an 14. Cependant je crois qu'on doit en excepter la circonstance *ratione materiæ*, qui ne se couvre point et qui peut se proposer en tout état de cause. *V.* INCOMPÉTENCE pour le complément de cet article.

DÉFAUTS. Il ne s'en prononce que de deux sortes en justice de paix : le défaut *faute de comparoir*, le défaut *faute de défendre*. Le premier se donne contre le défendeur cité à jour et heure fixe qui ne comparaît pas; ce défaut emporte condamnation contre le défaillant. « Si, au jour indiqué par la citation, l'une des parties ne comparaît pas, la cause sera jugée par défaut, sauf la réassignation dans le cas prévu par l'article 5. » (*Texte de l'article* 19 *du Code de procédure, conforme à l'art.* 2, *titre* 3 *de la loi d'octobre* 1790.)

Cependant le juge n'est pas obligé d'adjuger les conclusions du demandeur, par cela seul que son adversaire est non comparant; il peut au contraire rejeter la demande s'il ne la trouve pas juste ou bien vérifiée, ou du moins ordonner qu'elle sera justifiée convenablement. Il est désirable que les magistrats ne se bornent pas à prononcer des défauts de pure forme.

Un premier défaut est susceptible d'opposition; mais si l'opposant se laisse une seconde fois juger par défaut, il n'est plus recevable dans une nouvelle

opposition ; il est définitivement jugé. *V.* Oppositions aux jugements, Appel.

On donne encore défaut faute de comparoir contre un demandeur qui ne se présente pas pour soutenir l'action qu'il a formée, lorsque le défendeur comparaissant demande son renvoi. Cette sorte de défaut est mieux connue sous le nom de congé; aussi voyez ce que j'en ai dit *verbo* Congé.

Le défaut, faute de défendre, se donne contre une partie qui a fait une exception déclinatoire ou autre, et qui, ayant succombé, refuse de défendre un fond ; mais il ne se prononce que sur les conclusions formelles de l'autre partie. Le profit de ce défaut emporte la décision du fond au préjudice du refusant, c'est-à-dire qu'il est débouté de son action, s'il est demandeur, et qu'il est condamné aux choses réclamées, s'il est défendeur. Cependant si la demande paraissait illégitime ou même douteuse, ou si elle était contraire à la loi, le juge, en donnant défaut contre le défendeur, devrait en même temps rejeter la demande, du moins imposer au demandeur l'obligation de prouver son action, si elle en était susceptible.

Défenses des parties. Elles sont toutes verbales dans les tribunaux de paix. La loi défend d'y signifier aucune écriture. La partie qui aura écrit ses défenses en forme de mémoire, de *factum*, de consultation, ne peut-elle pas en donner ou faire donner la lecture à l'audience? assurément elle le peut, mais après avoir répondu par sa bouche, afin que le vœu de la loi soit rempli. Les parties peuvent encore proposer leurs défenses par l'organe d'un défenseur. *V.* Audience, Comparution, Conciliation.

Dégradations des maisons et domaines. Tout ce qui pourrait composer cet article se trouve nécessairement dans les articles, Reparations locatives, Louage, Actions personnelles et mobilières. *Voyez*-les.

Délais. Il en est de plusieurs sortes dans les tribunaux de paix. J'en ai traité dans les articles particuliers aux différents actes où ils doivent s'observer. *V.* Citations, Oppositions, Cédule, Levée de scellés, Estimations, Visites, Enquêtes, Appel, etc.

Quand les délais n'ont pas été observés sur les citations, le juge de paix ordonne que le défendeur sera réassigné, et les frais de la première citation demeurent à la charge du demandeur. Tel est le vœu de l'article 5 du code de procédure. Il est de maxime générale que dans les délais sur les citations, cédules, sommations et autres faits à personne ou domicile, on ne compte pas le jour de l'échéance, ni celui de l'acte qui fait courir le délai : *dies termini non computantur in termino.* Ainsi un jour en emporte trois, trois en comprennent cinq, etc. L'article 6 du titre 11 de l'ordonnance de 1667 conservait aussi cette règle, que le nouveau code a respectée par le premier paragraphe de l'article 1033.

A l'égard des délais que les juges peuvent accorder aux débiteurs en jugeant, *V.* Sursis, *et l'article du Code civil.*

Délits champêtres. Plusieurs sont de la compétence des juges de paix comme juges de police, mais beaucoup d'autres sont aussi attribués à la justice correctionnelle. Il importe de les distinguer avec soin pour éviter de blesser l'ordre des attributions. C'est ce que je crois avoir exactement fait dans les articles CONTRAVENTIONS DE PREMIÈRE, DEUXIÈME ET TROISIÈME CLASSE; CONTRAVENTIONS RÉGIES PAR DES LOIS PARTICULIÈRES; BESTIAUX, BERGERS, BOIS TAILLIS.

DÉMOLIR LES MAISONS ET ÉDIFICES condamnés par l'autorité (Refus de). *V.* CONTRAVENTIONS DE PREMIÈRE CLASSE.

DÉNÉGATION. C'est une exception par laquelle une partie nie formellement le fait avancé par l'autre. Cette exception oblige le demandeur à faire preuve du fait dénié; autrement, il doit succomber en son action : *nam cùm facti negantis nulla probatio sit, talis exceptio rejicit onus probandi in adversarium.* Mais la preuve du fait dénié ne doit pas toujours être ordonnée, parce qu'elle serait le plus souvent impossible, et parce que encore elle ne produirait rien contre la preuve affirmative qui l'emporte sur celle des faits négatifs : *quia per rerum naturam factum negantis nulla probatio est.*

Cependant la preuve contraire est toujours réservée au défendeur; elle pourrait même être entreprise, malgré que le jugement qui règle les parties contraires n'en dît rien; mais elle n'opère la décharge du défendeur que lorsqu'il n'est pas pleinement convaincu, ou que le fait affirmatif n'est pas justifié entièrement. *V.* ENQUÊTE.

Dénégation d'écritures. *V.* Faux.

Déni de justice. Lorsque les juges refusent de répondre les requêtes, ou négligent de juger les affaires en état et en tour d'être jugées, c'est un déni de justice. Il est défini ainsi par le nouveau code de procédure, article 506; ce qui est conforme à l'ordonnance de 1667. Cependant cette ancienne loi ne réputait pas déni de justice, le refus de répondre les requêtes. C'est ici une disposition nouvelle très-sage, car on dénie aussi bien la justice par le refus de donner une ordonnance, que par celui de prononcer un jugement.

Le déni de justice se constate par des actes judiciaires. Deux sommations devaient jadis être faites aux juges, de huitaine en huitaine, de prononcer sur la cause qu'ils négligeaient ou refusaient de décider. C'est maintenant deux *réquisitions* qui doivent leur être adressées; elles sont faites, après trois jours d'intervalle au moins, pour les juges de paix; et à l'expiration du délai de la dernière, la prise à partie peut avoir lieu. C'est l'unique moyen que laisse le nouveau code contre le déni de justice. Autrefois on pouvait faire appel comme de déni de justice, mais cette voie est jugée éteinte, par deux arrêts de la cour de cassation, des 27 août 1806 et 25 juin 1807. *V.* Prise a partie.

Les réquisitions sont faites par acte du premier huissier requis par la partie qui poursuit le jugement: elles sont adressées au greffier du juge de paix, avec sommation de l'en avertir; le greffier vise les originaux de ces actes.

Dénonciations. Les juges de paix reçoivent les dénonciations des délits ou crimes, mais ils ne doivent pas recevoir les dénonciations des simples contraventions de police, parce qu'ils en sont juges. J'ai traité de tout ce qui se rapporte aux dénonciations dans l'article Police judiciaire. *Voyez*-le.

Je dirai seulement ici qu'il n'y a jamais lieu de faire usage d'une dénonciation anonyme, que la lâcheté ou la perfidie produit le plus souvent. « Si ceux qui veulent accuser, disait Montesquieu, ne veulent pas laisser entre eux et l'accusé l'action des lois, c'est une preuve qu'ils ont sujet de les craindre; et la moindre peine qu'on puisse leur infliger, c'est de ne point les croire (1). » Cependant s'il s'agissait des grands intérêts de la patrie ou du prince, si la dénonciation anonyme présentait des faits probables avec des facilités pour les vérifier, ou si elle était accompagnée de quelques pièces justificatives, alors l'officier de police devrait la considérer comme un premier document, pour y donner des suites *très-circonspectes;* mais dans tout autre cas, il doit mépriser la dénonciation anonyme.

Dépens. Ce sont des frais faits devant les tribunaux. *V.* Jugements.

Règle générale. Tous dépens doivent être taxés par les jugements civils ou de police des juges de paix qui les ont adjugés.

(1) *Esprit des lois, liv.* 12, *chap.* 24. Tacite avait dit à cet égard : *Delatores, genus hominum publico exitio repertum, et pœnis quidem nunquam satis coercitum.*

Deuxième règle. Les dépens sont personnels ; ainsi ils ne peuvent emporter des condamnations solidaires, sauf dans le cas où la loi le permet. C'est ce qui a été décidé par arrêt de la cour de cassation, du 21 messidor an 4.

Troisième règle. Il ne peut entrer en taxe d'autres frais que ceux alloués par les réglements.

Quatrième règle. Les juges de paix incompétents pour connaître du fond de la cause, ne peuvent prononcer sur les dépens en se déclarant incompétents. Un décret, dont la date manque, l'a décidé affirmativement ; c'est d'ailleurs une maxime de jurisprudence suivie depuis des siècles.

Destitutions de la tutelle. « Sont exclus de la tutelle, et même destituables s'ils sont en exercice, 1° les gens d'une inconduite notoire; 2° ceux qui sont incapables ou infidèles. » La destitution est prononcée par un conseil de famille, convoqué par le juge de paix d'office, ou sur la réquisition du subrogé tuteur. Le juge doit, à peine de responsabilité, déférer à la réquisition qui lui est faite par un ou plusieurs parents, ou alliés du mineur au degré de cousin-germain, ou à des degrés plus proches. Le tuteur doit être entendu dans ses défenses par le conseil de famille réuni, du moins il y doit être appelé nécessairement. S'il y a destitution, elle doit être motivée; et si le tuteur y adhère, le conseil nomme un nouveau tuteur, qui entre aussitôt en fonctions; mais si le destitué n'adhère pas à la décision portée contre lui, le subrogé tuteur en poursuit l'homologation devant le tribunal de première instance, qui pro-

nonce, sauf l'appel. Le tuteur peut lui-même assigner le subrogé tuteur pour demander d'être
maintenu dans sa tutelle, si toutefois il a réclamé
lors de sa destitution, y ayant assisté ; car il a été
jugé par la cour de Bruxelles, qu'à faute de réclamation du tuteur présent à sa destitution, il ne
peut ensuite en attaquer la délibération pour cause
d'irrégularité. L'arrêt est du 18 juillet 1810.

Si le subrogé tuteur néglige de faire homologuer l'acte de destitution du tuteur, les parents
ont le droit de le faire. Ainsi jugé par la cour
d'Orléans, le 17 prairial an 12.

Le père même peut être destitué de la tutelle
pour inconduite notoire; mais après s'être amendé,
il peut se faire réintégrer par un conseil de famille. (*Arrêt de la cour de Besançon , du* 18
décembre 1806.)

De même, une mère qui mène une vie déréglée
peut être privée de la tutelle de ses enfants ; mais
les faits de dépravation qu'on lui impute doivent
être publics. Telle fut la décision de la cour de
Bordeaux, par arrêt du 15 pluviose an 13.

Un tuteur, autre que le père, est destituable
si, par sa négligence, sa pupille a été séduite,
sur-tout si elle l'a été par le fils même du tuteur.
Jugé ainsi par arrêt de la cour de Paris, du 26
thermidor an 9.

Le subrogé tuteur qui a requis la convocation
d'un conseil de famille pour la destitution du
tuteur, peut voter sur la destitution ; il en est
ainsi du juge de paix qui l'a provoquée d'office.
(*Arrêt de la cour de Rennes, du* 14 *février* 1810.)

La rédaction des procès verbaux de destitution de tutelle doit contenir, outre les formes communes à toutes délibérations de famille, les motifs de la convocation, ceux de la destitution ou de la maintenue, les réponses du tuteur entendu, s'il comparaît, ou la citation qui lui a été donnée, le défaut prononcé en ce cas contre lui, la mention de son adhésion à sa destitution, s'il y consent, sinon l'ordre donné au subrogé tuteur d'en poursuivre l'homologation; enfin la nomination et le serment du nouveau tuteur, si le premier consent à sa destitution.

DETTES. Elles se divisent en hypothéquaires, en chirographaires réelles ou mixtes, personnelles ou mobilières. Il n'y a point de doute que les héritiers, ou autres intéressés dans une succession, ne soient justiciables des tribunaux de paix, à raison des dettes dont la nature n'est que personnelle ou mobilière, lorsque d'ailleurs leur *maximum* n'excède pas la compétence de ces tribunaux. Il importe donc aux juges de paix de connaître les règles communes à ces dernières espèces de dettes.

La *première* et la plus universellement suivie, est que les dettes sont payées par les héritiers d'une succession dans la proportion de ce que chacun y participe, et même, lorsqu'il s'agit d'une créance hypothécaire, qui n'est due que *pro virili parte*, par celui des héritiers qui ne prend point dans la succession du débiteur des biens frappés de l'hypothèque. Cependant il est établi à cet égard une sorte de solidarité par l'article 876 du nouveau code en faveur de l'héritier qui, par l'effet de l'indivisibilité de l'hypothèque, a payé toute la dette pour lui et pour un cohéritier insolvable. Alors la loi veut que la part des insolvables soit payée par les solvables.

Deuxième. Le légataire universel, ou à titre universel, contribue aux dettes avec les héritiers, *au prorata* de son émolument; mais le légataire particulier n'est tenu d'aucunes dettes, à moins qu'elles ne soient une charge réelle de l'objet.

Troisième. L'héritier, sous bénéfice d'inventaire, n'est tenu des dettes de la succession que jusqu'à concurrence de ses forces; il doit, à cet effet, compte de sa gestion à tout créancier légitime ou reconnu.

Quatrième. Le père n'est pas tenu de payer les dettes contractées par son fils mineur sans son autorisation. Un arrêt de la cour de Paris, du 23 ventose an 12, l'a jugé ainsi, et n'a fait que conserver l'ancienne jurisprudence. Cependant s'il s'agissait de dettes contractées pour aliments et vêtements, le père en serait tenu, parce que le créancier n'aurait fait qu'acquitter l'obligation du père qui doit à son fils mineur le *nutritum et vestitum.*

Cinquième. Les petits-enfants qui viennent à la succession d'un aïeul, par représentation de leur père ou de leur mère, ne sont pas obligés à payer les dettes de ces derniers. C'est ce qui a été décidé par arrêt de la cour de cassation, le 5 frimaire an 7.

Dispense de la tutelle. Les causes de cette dispense sont assez nombreuses. 1° Toute fonction publique, exercée dans un département autre que celui ou la tutelle est établie, dispense le fonctionnaire d'accepter une tutelle; 2° les militaires en activité de service en sont aussi dispensés; 3° de même ceux qui remplissent une fonction publique hors du royaume; 4° ceux à qui une telle mission est confiée depuis la tutelle; 5° tout citoyen, non parent ou allié, ne peut être forcé d'accepter la tutelle que dans le cas où il n'existerait pas de parents dans la distance de quatre myriamètres en état d'être tuteur; 6° les personnes qui sont âgées de soixante-cinq ans accomplis; 7° tout individu atteint d'une infirmité grave et dûment justifiée; 8° ceux qui sont déjà chargés de deux tutelles; 9° celui qui, époux et père, est encore chargé d'une tutelle; 10° ceux qui ont cinq enfants légitimes *existant au moment de la tutelle* sont également dispensés de l'accepter.

Il faut observer, à l'égard des pères de cinq enfants, que la loi compte, pour opérer ce nombre, ceux d'entre eux qui seraient morts au service de l'état; tandis que les fils morts, dans d'autres circonstances, ne sont comptés que lorsqu'ils ont eux-mêmes laissé des enfants existant.

Enfin on place dans la série des personnes dispensées de la tutelle, les ministres des cultes, d'après un arrêté du conseil d'état, du 20 novembre 1806.

Dispositions générales. Je parlerai ici de ces

articles généraux qui terminent le nouveau code
de procédure ; ils sont applicables aux justices de
paix comme aux cours et tribunaux.

Première. Aucune des nullités, amendes et dé-
chéances prononcées par ce code n'est commina-
toire.

Ainsi, il n'est pas permis aux juges de modifier
ou de restreindre la pénalité de la loi civile ; ce
qu'ils faisaient autrefois quand la jurisprudence
avait établi une certaine autorité contre la loi
même, laquelle alors tombait graduellement en
désuétude. Le célèbre d'Aguesseau disait, à cet
égard, il n'y a point de loi qui puisse tomber
en désuétude.

Deuxième. Aucun exploit ou acte de procédure
ne pourra être déclaré nul, si la nullité n'en est formellement prononcée par la loi. Dans ce cas, l'officier ministériel pourra, pour omission ou pour
contravention, être condamné en une amende de
5 francs à 100 francs. Il faut cependant excepter
les nullités substantielles ou de droit, qui subsistent par elles-mêmes.

Les nullités prononcées par le code sont celles
portées aux articles 65, 66, 70, 147, 251, 260,
261, 262, 269, 271, 272, 273, 274, 275, 280,
344, 435, 559, 608, 609, 637, 717, 794, 832,
833, 869, 227, 998, 1006, 1028.

La majeure partie de ces nullités n'est applicable qu'aux tribunaux de première instance, ainsi
qu'on le voit en lisant les articles. — Au reste, tout
acte de justice est valable, malgré les omissions,
contraventions qu'il contient, et malgré l'amende

qui peut s'ensuivre, si la loi n'a pas déclaré qu'il y a nullité pour un vice semblable.

Troisième. Les procédures et les actes nuls ou frustratoires, et les actes qui auront donné lieu à une condamnation d'amende, seront à la charge des officiers qui les auront faits, lesquels pourront en outre être condamnés en des dommages-intérêts envers la partie, et même suspendus de leurs fonctions.

Il est juste que l'impéritie ne nuise qu'à elle-même. C'est ici une garantie contre l'avidité, qui empêchera de sacrifier l'intérêt de la partie à celui de l'officier ministériel. Mais la condamnation à des dommages-intérêts ne doit être prononcée que pour des faits graves, et la suspension, pour des choses plus extraordinaires encore.

Quatrième. Le jour de la signification ni celui de l'échéance ne sont jamais comptés pour le délai fixé pour les ajournements, citations, sommations et autres actes faits à personne ou domicile; ce délai sera augmenté d'un jour à raison de trois myriamètres de distance; et quand il y aura lieu à voyage, où envoi et retour, l'augmentation sera double.

La première partie de cette disposition renouvelle l'article 6 du titre 11 de l'ordonnance de 1667, qui elle-même avait renouvelé la règle: *dies termini non computantur in termino.* Quant à la seconde partie, elle s'appliquera dans les justices de paix, principalement pour les actions en garantie, parce que le garant appelé ne plaide que rarement devant son juge naturel. C'est ce qu'observait M. Jousse sur l'article 2 du titre 8 de la même ordonnance de 1667.

Cinquième. Aucune signification, ni exécution ne pourra être faite depuis le 1ᵉʳ octobre jusqu'au 31 mars, avant six heures du matin et après six heures du soir, et depuis le 1ᵉʳ avril jnsqu'au 30 septembre, avant quatre heures du matin et après neuf heures du soir, non plus que les jours de fêtes légales, si ce n'est en vertu de permission du juge, dans le cas où il y aurait péril en la demeure.

Cette disposition est plus précise que l'ordonnance de 1667, qui ordonnait, en général, que les significations ne pourraient être faites avant le lever et après le coucher du soleil; ce qui a occasioné de fréquentes contestations sur la période du jour. Quant aux cas d'urgence, *V.* Audience, Fêtes et Dimanches.

Sixième. Toutes significations faites à des personnes publiques, préposées pour les recevoir, seront visées par elles, sans frais, sur l'original; en cas de refus, le *visa* sera donné par le procureur du roi, et les refusants pourront être condamnés, sur les conclusions du ministère public, à une amende qui ne peut être moindre de cinq francs.

Cet article ne reçoit d'application dans les justices de paix, que pour les greffiers qui reçoivent les copies de quelques actes judiciaires, et qui en visent les originaux, notamment les saisies immobilières, les oppositions aux scellés et les récusations des juges de paix.

Je ne parlerai point des règles générales établies

par les articles 134, 135, 136, 138 du code de procédure, qui ne sont faites que pour les tribunaux de première instance ; mais je terminerai ces observations par une distinction nécessaire sur le texte de l'article 1040, le voici : « Tous actes et procès verbaux du ministère du juge seront faits au lieu du siége du tribunal ; le juge y sera toujours assisté de son greffier, qui gardera les minutes et délivrera les expéditions : en cas d'urgence, le juge pourra répondre, en sa demeure, les requêtes qui lui seront présentées ; le tout , sauf l'exécution des dispositions portées au titre des référés. »

Ce serait une erreur évidente de croire qu'il y aurait ici dérogation aux lois qui autorisent les transports et les déplacements des juges de paix , dans les différents cas qu'elles ont prévus. Il y aurait d'ailleurs une impossibilité manifeste que ces juges remplissent toutes leurs fonctions dans leurs prétoires , puisqu'ils sont souvent ambulants.

Dommages. C'est le tort ou préjudice qu'on a fait éprouver à quelqu'un. Les jurisconsultes romains le définissaient ainsi : *Damnum et damnatio ab ademptione et quasi diminutione patrimonii dicta sunt.*

Le dommage est volontaire ou involontaire , direct ou indirect. Mais dans tous les cas, celui qui en est l'auteur, est tenu de le réparer, ou d'indemniser la personne lésée.

On comprend en général beaucoup de faits et de choses sous le mot dommage : les usurpations, les délits, les quasi-délits, les événements acciden-

tels par imprudence ou négligence, les contraventions, la non-exécution des engagements, etc., sont
tous placés au rang des dommages, avec des différences dans leur nature et dans les actions qui en
résultent. Chacune de ces choses est traitée dans
cet ouvrage par des articles séparés. Je me borne
à dire ici que les dommages faits par les hommes
ou les animaux aux champs, fruits et récoltes, sont
jugés par les juges de paix en dernier ressort jusqu'à 5o francs et à charge d'appel sans limitation.
Cependant il est beaucoup de ces faits qui sont
classés au rang des contraventions; il faut donc
distinguer soigneusement ceux qui appartiennent à
la justice civile des juges de paix, d'avec ceux qui
appartiennent à leurs tribunaux de police. *V*. Ac-
TIONS PERSONNELLES, MOBILIÈRES, POSSESSOIRES, et les
CONTRAVENTIONS DES QUATRE ESPÈCES.

DOMMAGES ET INTÉRÊTS. C'est une indemnité que
le juge accorde à celui qui a éprouvé un dommage. Cette indemnité est due à tous ceux à qui
l'on empêche de faire quelque bénéfice, ou auxquels
on nuit dans leurs biens, dans leur personne, dans
leur réputation (1). Je traite dans cet ouvrage de
tous les faits particuliers qui peuvent donner lieu à
des dommages-intérêts pour ce qui se rattache aux
attributions des juges de paix seulement, ce qui suffit à mon plan. Je ne ferai donc que rappeler ici une
règle générale dont l'observation est de rigueur.

(1) *Si commissa est stipulatio, ratam rem dominum habi-
turum, in tantum competit, in quantum meâ interfuit,
id est, quantum mihi abest, quantumque lucrari potui. L.* 13,
§ *rem. rat. hab.*

« Tous jugements qui condamneront en des dommages-intérêts, en contiendront la liquidation, ou ordonneront qu'ils seront donnés par état. » (*Article 128 du Code de procédure.*)

Cette disposition est renouvelée de l'article 6 du titre 26 de l'ordonnance de 1667. On ne doit pas sans doute dans les justices de paix où toutes les formes sont très-sommaires, ordonner que des dommages-intérêts seront donnés par bref état; il est mieux de les liquider, sauf à laisser à la partie condamnée l'alternative d'une estimation, quand la valeur de l'indemnité est assez forte pour autoriser des formalités juridiques. Au reste, la liquidation des dommages-intérêts n'est autre chose que leur valeur fixée; *et hoc statuitur ut finis litibus celeriùs imponatur, et parcatur partium impensis. V.* ESTIMATION.

Il a été prétendu et même jugé que des dommages-intérêts adjugés et liquidés, ne pouvaient plus être exigés par le ministère public après le décès du délinquant; mais la cour de cassation en a décidé autrement, parce que les dommages-intérêts sont moins une peine qu'une charge réelle. *Arrêt du 5 avril 1811.*

DOUANES. Les attributions faites aux juges de paix en matières de douanes sont disséminées dans un grand nombre de lois; il en est de contentieuses et de non-contentieuses. Ces juges connaissent depuis long-temps en première instance des contraventions et saisies en général. (*Lois des 22 août 1791 et 4 germinal an 2.*)

« Les tribunaux de paix qui connaissent en première instance des saisies, jugeront également de cette manière les contestations concernant le refus de payer les droits, le non-rapport des acquits-à-caution et les autres affaires relatives aux douanes.» (*Article* 10 *de la loi du* 14 *fructidor an* 3.)

Les amendes encourues dans ces différentes contraventions varient depuis 100 francs jusqu'à 500 francs : ce *maximum* s'applique lorsqu'il y a des importations ou des exportations prohibées, et lorsqu'il s'agit d'injures dites aux préposés des douanes dans l'exercice de leurs fonctions. Ce *maximum* ne l'est pas toujours; car si la valeur des marchandises prohibées et saisies excède 500 francs, alors l'amende est égale à la valeur des choses saisies.

Aucun juge ne peut modérer les amendes sous peine d'en répondre personnellement.

Après la constitution de l'an 4, on douta si les juges de paix restaient compétents en matière de douanes. L'article 233 de cet acte qui attribuait aux tribunaux correctionnels le jugement des délits dont la peine n'est ni afflictive ni infamante, avait fait penser que ces tribunaux devaient seuls prononcer les confiscations et amendes pour les saisies et contraventions. Le directoire exécutif avait même arrêté le 28 floréal de la même année, que la compétence des juges de paix, sur ce point, serait réduite aux seuls cas où il ne pouvait échoir ni amende, ni aucune peine; mais dès le 27 thermidor suivant, le gouvernement, reconnaissant l'erreur de son système qui présentait dans la pratique des inconvénients majeurs et nombreux, ordonna le rapport de son arrêté du 28 floréal et l'exécution de celui du 23 germinal précédent, dont les dispositions étaient conformes aux lois antérieures.

Cette législation a été maintenue par plusieurs arrêtés, décrets et lois jusqu'à celle du 24 avril 1806, qui, par l'article 57, statua que les amendes et confiscations relatives à la fraude sur les sels, seraient prononcées par les juges correctionnels. Cette exception n'existe plus ; elle est abrogée par la loi du 17 décembre 1814, article 29. Comme cette dernière loi réunit diverses dispositions des lois précédentes, je vais en donner les textes qui concernent les juges de paix.

Art. 15. « Toutes marchandises prohibées à l'entrée que l'on tenterait d'introduire par terre ou par mer, seront confisquées, ainsi que les bâtiments, chevaux, voitures, équipages servant au transport. Les propriétaires desdites marchandises, maîtres de bâtiments, voituriers et autres préposés à leur conduite, seront solidairement condamnés en une amende de 500 francs, quand la valeur de l'objet de contrebande n'excédera pas cette somme ; et dans le cas contraire, en une amende égale à la valeur de l'objet. »

Art. 16. « Les juges de paix du lieu de l'arrondissement du bureau où l'objet de contrebande aura été déposé, seront seuls compétents pour connaître de ces contraventions. Les appels des juges de paix seront portés devant les tribunaux de première instance. »

Art. 17. « Cependant, si l'introduction d'objets prohibés est commise par une réunion de trois individus et plus, il y aura lieu à l'arrestation des contrevenants et à leur traduction devant le tribunal correctionnel, indépendamment des confiscations et des peines pécuniaires prononcées par l'article 15. »

Art. 18. « En cas de récidive, le juge de paix, devant lequel le délinquant aurait été traduit, sera tenu de le renvoyer devant le tribunal correctionnel. »

Art. 29. « Les juges de paix seront seuls compétents, sauf l'appel, s'il y a lieu, pour connaître des contraventions à la loi du 24 avril 1806 et à tous les réglements relatifs à la perception de la taxe sur les sels, excepté dans les cas de récidive ou d'une réunion de trois personnes; alors les faits sont jugés correctionnellement. »

Les peines à prononcer contre les fraudes et contraventions pour les sels, sont, outre la confiscation des choses saisies et des moyens de transport, une amende qui ne pourra être moindre de 100 fr.

Ces textes établissent clairement les attributions des juges de paix en matières contentieuses des douanes; une ligne de démarcation d'avec la compétence des juges correctionnels y est assez fortement tracée pour éviter toute erreur. Il convient cependant de comparer les dispositions analogues des lois postérieures qui ont été portées sur ces contraventions et de distinguer les variations qu'elles ont offertes.

L'article 22 du titre premier, section des douanes, de la loi du 28 avril 1816, ordonnait que différentes marchandises désignées par son texte ne pourraient être importées en France que par des bâtiments de 60 tonneaux au moins pour l'Océan, et de 40 tonneaux pour la Méditerranée.

L'article 41, titre 5, même section, ordonnait encore que toute importation par terre d'objets prohibés et toute introduction frauduleuse d'objets tarifés dont le droit serait de 20 francs par quintal métrique et au-dessus, donneraient lieu à l'arrestation des contrevenants et à leur traduction devant le tribunal correctionnel, qui, indépendamment de la confiscation de la contrebande et des moyens de transport, prononcerait contre eux l'amende infligée par l'article 15 de la loi du 17 septembre 1814.

Ainsi la législation de 1816 enlevait aux juges de paix la répression de la contrebande en matière de douanes; mais la loi du 27 mars 1817 s'est empressée de leur rendre cette attribution dont ils avaient constamment joui dès les premières années de leur institution; il convient donc d'en rapporter les textes; celui de l'article 12 s'exprime ainsi :

« L'article 15 de la loi du 17 décembre 1814 est remis en vigueur en ce qui concerne les importations frauduleuses tentées sur les côtes. » (Le texte de cet article 15 vient d'être donné.)

Art. 13. « Les mêmes peines s'appliqueront dans les cas prévus par l'article 7 de la loi du 4 germinal an 2, titre 2, aux bâtiments au-dessous de 100 tonneaux, surpris, hors le cas de force majeure, dans les deux myriamètres des côtes, ayant à bord des marchandises prohibées. »

On voit que ce texte réforme l'article 22 de la

loi du 28 avril 1816 déjà rapporté, puisque les navires susceptibles d'être employés aux importations devaient alors être de 60 tonneaux au moins,
tandis qu'ils doivent être à présent de 100 tonneaux et au-dessus.

Art. 14. « Le juge de paix dans l'arrondissement
duquel l'objet saisi sera déposé, connaîtra en première instance de ces contraventions. »

Art. 15. « La même compétence aura lieu pour
les saisies faites dans les bureaux des côtes ou fron-
tières, *par suite de déclarations*, lesdites saisies
n'entraînant que les condamnations établies par
les lois des 22 août 1791 et 4 germinal an 2. »

Il n'est pas douteux, d'après ces textes, que les
exceptions momentanées, faites à la compétence
des juges de paix en matières contentieuses des
douanes, sont cessées entièrement. Au reste, la
dernière loi portée le 21 avril 1818, sur les douanes,
confirme encore et étend même cette compétence.
Voici les textes des articles 35 et 36 :

Art. 35. « Les juges de paix continueront à
connaître des fraudes tentées dans les ports de
commerce par des navires dont le manifeste a été
fourni selon la loi, ainsi que de celles découvertes
par suite des visites de douane. Ils appliqueront à
ces fraudes les peines déterminées par les lois des
22 août 1791 et 4 germinal an 2. »

Art. 36. « Les maîtres ou capitaines des bâtiments de mer au-dessous du tonnage déterminé
par les lois des 28 avril 1816 et 27 mars 1817,
qui aborderaient, hors le cas de relâche forcée,
avec des marchandises désignées par l'article 22

de la loi du 28 avril, même dans les ports ouverts à leur importation, encourront une amende de 500 francs, pour sûreté de laquelle les navires et marchandises pourront être retenus. Ladite peine sera prononcée par le juge de paix. »

Il me reste maintenant à parler des formes de procéder devant les juges de paix en matière de douanes, et de leur autorité sur des objets non contentieux. L'un et l'autre est fort simple.

Les rapports des employés des douanes sont affirmés véritables, soit devant le président du tribunal de première instance, ou l'un des autres juges en son absence, soit devant les juges de paix, dans les vingt-quatre heures de leur clôture.

Cette affirmation ne doit pas rigoureusement être faite devant le juge de paix du lieu de la saisie, il suffit qu'elle soit faite devant celui du lieu où les marchandises saisies ont été déposées. C'est ce qui a été jugé ainsi par arrêt de la cour suprême, du 15 floréal an 12. (*Rapporté par* Sirey, *page* 279, *an* 12.)

Avant de recevoir l'affirmation des employés, il leur est fait lecture, par le juge, du procès verbal qu'ils présentent, et ils signent l'acte de leur prestation de serment. Il en est de même quand une saisie est faite par des gardes nationales, troupes de ligne et la gendarmerie. Le juge de paix reçoit et le rapport des saisissants et leur affirmation.

Les marchandises saisies en ce cas sont transportées au plus proche bureau des douanes, où les préposés en font la description ; et ce n'est qu'après ce transport, que les saisissants font leur rapport aux juges de paix. (*Loi du* 22 *août* 1791.)

Les procès verbaux des préposés et les rapports des gardes nationales, troupes de ligne ou de gendarmerie, qui établissent des saisies par contravention, font foi en justice, jusqu'à inscription de faux. (*Même loi.*)

Ainsi, la preuve testimoniale est inadmissible contre de tels actes; c'est d'ailleurs ce qui a été jugé par la cour de cassation le 7 nivose an 12. Mais il n'en est pas ainsi pour les injures ou voies de fait, qui peuvent être constatées par ces rapports ou procès verbaux; à cet égard, la preuve contraire est admise. Cette exception a été sagement introduite par un autre arrêt de la même cour, du 11 décembre 1807. Une seconde exception vient d'être introduite par ladite cour, qui a décidé, le 13 janvier 1817, que les procès verbaux des douanes cessent de faire foi jusqu'à inscription de faux, lorsqu'ils énoncent des faits contradictoires, et qui ne peuvent exister simultanément.

Les demandes sur les saisies, s'introduisent par la seule présentation au juge de paix, du procès verbal de la saisie, dont auparavant copie a dû être délaissée au délinquant, s'il est présent, sinon elle est affichée à la porte du bureau de la recette des douanes, avec sommation de comparaître dans *trois jours* devant le juge de paix. Ce délai, fixé par la loi du 4 germinal an 2, est maintenant réduit à vingt-quatre heures.

Le receveur des douanes comparaît pour son administration devant le juge de paix; il peut s'y faire représenter par un mandataire, ayant pouvoir en forme, et il demande la confiscation des choses saisies, avec condamnation de l'amende infligée dans la circonstance dont il est cas. Le saisi a le droit de comparaître de la même manière, et d'y proposer ses défenses ou ses exceptions : s'il ne comparaît pas, le juge prononce par défaut, et ordinairement il adjuge les conclusions de l'administration des douanes. Cependant, si la fraude ou la contravention ne lui paraissent pas bien constatées, il peut, sans avoir égard an procès verbal ou rapport, rejeter la demande de l'administration même par défaut. Mais alors le receveur ou préposé poursuivant, peut et doit interjeter appel de ce jugement. La loi du 4 germinal an 2 lui prescrit de faire appel de tous jugements des juges de paix qui ne déclareraient pas valables les saisies et confiscations poursuivies.

Il en a été décidé par la cour suprême d'une manière toute contraire ; elle a jugé, par arrêt du 4 floréal an 10, que les jugements *par défaut*, rendus par les juges de paix, en matière de douanes, ne sont point susceptibles d'appel.

On peut dire aujourd'hui contre cet arrêt, que le code de procédure a changé ou modifié plusieurs dispositions de la loi d'octobre 1790, qui, aussi défendait de faire appel des jugemens *par défaut* rendus par les juges de paix ; que l'arrêt dont nous parlons a sans doute été rendu suivant les principes de cette loi, tandis que maintenant le nouveau code permet de faire appel de tous juge-

mens des juges de paix, rendus en première instance, après le délai fixé pour y former opposition, lorsque le condamné a négligé de la faire.

En vain on dirait qu'il faut ici distinguer la nature des jugements; que le nouveau code ne statue
que sur des contestations purement civiles, tandis
que les contraventions ou fraudes à l'égard des
douanes, participent de leur nature aux matières
criminelles. S'il ne suffisait pas de répondre à
cette objection, que le code de procédure parle
de tous jugements par défaut, prononcés par les
juges de paix, sans distinction , et qu'alors *ubi lex
non distinguit , ibi nec nos distinguere debemus ,*
je dirais du moins que le code d'instruction criminelle est la règle actuelle qu'il faut suivre. Or,
il est contraire à l'arrêt de la cour de cassation
du 4 floréal an 10, puisqu'il permet de faire appel
de tous jugements des juges de paix en matière
de police, après le délai de l'opposition expiré
pour ceux qui sont par défaut.

Lorsqu'il n'y a pas d'appel dans les trois jours,
d'un jugement qui déclare une saisie valable, et
prononce des confiscations, le préposé du bureau
de la douane peut, dès le quatrième jour, indiquer la vente des objets confisqués, par des affiches apposées à la porte de son bureau ; à celle
de l'auditoire du juge de paix, et faire procéder à
la vente cinq jours après, mais s'il y a appel, il est
suspensif de la vente.

Si, au jour indiqué pour l'audience, le juge de
paix n'avait pas prononcé son jugement, ou au
plus tard dans les trois jours, soit par la faute du

receveur de la douane, soit autrement, il y aurait péremption acquise et tout ce qui aurait précédé serait anéanti; c'est ce qui a été jugé par arrêt de la cour de cassation du 3 prairial an 11, et telle est la disposition de la loi du 9 floréal an 7, art. 13., tit. 4. Quoique ces textes soient antérieurs aux nouveaux codes, je ne dirai point qu'il y a dérogation, parce que d'abord dans celui de procédure, il n'y a de péremption établie que pour des causes civiles *nommément*, et parce que dans celui d'instruction criminelle, il n'y a aucune espèce de péremption prévue.

Si, avant le jour de l'audience, il est urgent de faire vendre les animaux qui servaient au transport des marchandises saisies, et si ces animaux appartiennent à un délinquant inconnu, alors pour éviter les frais de fourrière, le juge de paix peut en ordonner la vente, sur simple requête présentée par le receveur de la douane.

Nous avons dit que les procès verbaux des employés font foi jusqu'à inscription de faux; mais quand un prévenu se décide à prendre cette voie rigoureuse, les juges de paix doivent-ils instruire et juger cet incident? Si en matière civile, ils doivent s'abstenir de l'instruction du jugement du faux, il n'en est pas ainsi lorsqu'ils exercent au tribunal de police. Plusieurs dispositions législatives leur ont donné des attributions différentes sur ce point, et la cour de cassation, par deux arrêts des 13 frimaire an 12 et 11 messidor an 13, a formellement décidé que les juges de paix prononcent sur l'inscription de faux comme sur le fond de la cause, en matière de douanes.

Ces arrêts qui ont fixé la jurisprudence, sont en harmonie parfaite avec le nouveau code d'instruction criminelle; il décide positivement par l'art 459, « que si la partie déclare qu'elle veut se servir de la pièce arguée de faux, l'instruction sur le faux se fera incidemment devant la cour ou le tribunal saisi de l'affaire principale. »

On ne dira pas sans doute que les matières de douanes ne sont pas des contraventions de police, autrement on méconnaîtrait la première nuance qui distingue le civil d'avec le criminel dans toutes ses divisions. Tout fait civil n'emporte que des condamnations civiles; mais toute pénalité ne s'applique qu'au délit ou à la contravention. Or, que prononcent les juges de paix dans les causes des douanes, impôts indirects, octrois, etc.? des peines, rien que des peines, jamais de paiements de dettes, ni d'exécution de conventions, de contrats et de quasi - contrats, et s'il y a appel de leurs jugements, s'il y a récidive ou des circonstances aggravantes dans les faits qui leur sont attribués en matière de douanes, n'est-ce pas devant le tribunal correctionnel que l'un et l'autre sont portés?

Ainsi dans le cas d'une inscription de faux contre un procès verbal d'employés de douanes ou contre un procès verbal de gardes champêtres, ou autre pièce produite devant un tribunal de police, l'instruction sur le faux doit y être suivie dans les formes prescrites. La loi nouvelle le décide ainsi, mais avant toutes choses la partie qui soutient une pièce fausse doit sommer l'autre partie de déclarer si elle entend s'en servir. Si cette dernière renonce à faire usage de la pièce, ou si dans le délai de huit jours, il n'est fait aucune déclaration, il est passé outre au jugement du fond. (*Art.* 459 , *Code d'instruction criminelle.*)

Si, au contraire on déclare que l'on veut se servir de la pièce prétendue fausse, le tribunal de police décide aussitôt sur les conclusions du ministère public, s'il y a lieu ou non à surseoir. C'est ce que prescrit l'article 460, 3e paragraphe.

A l'égard des formes à observer sur l'instruction du faux, il faut se conformer aux articles 448 et suivants jusqu'au 464e, lequel renvoie pour tout ce qui n'est pas prévu, aux formalités prescrites pour les autres délits.

« Lorsque des actes sont déclarés faux en tout ou partie, la cour ou le tribunal qui aura connu du faux, ordonnera qu'ils soient rétablis, rayés ou réformés, et du tout il en sera dressé procès verbal. » (*Art.* 463, *même Code d'instruction.*)

Après cette réforme, le tribunal procède au jugement du fond. Mais ce n'est pas tout, « si la partie qui a argué de faux la pièce, soutient que celui qui l'a produite est l'auteur ou le complice du faux, ou s'il résulte de la procédure que l'auteur ou le complice du faux soit vivant, et la poursuite du crime non éteinte par la prescription, l'accusation sera suivie criminellement dans

les formes prescrites. » (*Article* 460, *Code d'instruction*).

Dans ce cas, le juge de paix, comme officier
de police judiciaire, exerçant d'après les articles
20 et 462 du même code, adresse au procureur
du roi, du lieu du délit ou de celui dans lequel
le prévenu peut être saisi, toutes les pièces de la
procédure ; il peut même délivrer le mandat d'a-
mener.

E◆

Échenillage. La loi du 26 ventose an 4 ordonnait à tous propriétaires, locataires ou fermiers,
d'écheniller les arbres plantés sur leurs héritages,
sous peine d'une amende qui ne pouvait être
moindre de trois journées de travail, ni plus forte
de dix. Cette mesure devait être exécutée chaque
année avant le premier ventose (21 février), et en
cas de négligence, les agents municipaux étaient
autorisés à faire écheniller aux dépens des propriétaires, fermiers ou locataires, et il était délivré par le juge de paix, exécutoire des dépens
sur les quittances des ouvriers. Ces frais étaient
indépendants de l'amende et ne pouvaient en tenir
lieu.

Ces dispositions paraissent, en partie, tombées
en dessuétude ; cependant le nouveau code pénal
établit encore au rang des contraventions la négligence d'écheniller dans les campagnes et dans
les jardins où ce soin est prescrit par la loi et les
réglements. (*Article* 471, *Code pénal n°* 8.)

Les juges de paix, en tribunal de police, appliquent, pour cette négligence, une amende
graduée depuis un franc, jusqu'à cinq ; ils la
prononcent en dernier ressort parce qu'il n'y a
pas, dans cette circonstance, de restitutions civiles, qui, étant réunies à l'amende, pourraient
excéder 5 francs.

ÉCLAIRAGE DE MATÉRIAUX ENTREPOSÉS. *Idem*, DES
EXCAVATIONS, etc. (*V.*CONTRAVENTIONS DE PREMIÈRE
CLASSE.)

ÉDIFICES MENAÇANT RUINES. *V.* BATIMENTS.

ÉMANCIPATION. C'est l'acte qui donne au mineur
le droit d'exercer la simple administration de ses
biens. Il y en a de trois sortes : celle qui s'opère
de plein droit par le mariage, celle qui est faite
par la volonté du père ou de la mère survivante,
celle qui est conférée par le conseil de famille.
Telle était l'ancienne jurisprudence, sujette cependant à plusieurs variations dans les pays de
droit écrit, et dans quelques coutumes.

Je ne parlerai que des deux dernières espèces
d'émancipations, la première étant étrangère à
mon sujet. 1° Tout mineur non marié peut être
émancipé par son père, ou à défaut de père par
sa mère, lorsqu'il a atteint l'âge de quinze ans révolus. Cette émancipation se fait par la seule
déclaration du père ou de la mère devant le
juge de paix, qui la reçoit et prononce l'émancipation.

2° Les mineurs restés sans père, ni mère, peuvent
aussi être émancipés, mais seulement à l'âge de
dix-huit ans accomplis, si le conseil de famille

les en juge capables, d'où il suit que l'émancipation peut être refusée à ces mineurs.

Ce refus ne doit, cependant, se prononcer que
pour des causes graves, telles que l'inconduite ou
l'incapacité des mineurs, autrement il est utile de
leur conférer l'émancipation dès que la loi le
permet. Cette seconde émancipation s'opère aussi
simplement que la première. Si le conseil de famille est d'avis de la conférer, le juge de paix
prononce de suite que le mineur est émancipé,
pour jouir des droits attachés à cette qualité,
en se conformant d'ailleurs aux lois. L'avis du
conseil et l'acte du juge se font par un simple
procès verbal, en tête duquel on consigne la réquisition du parent, ou du tuteur qui provoque
l'émancipation.

Le tuteur d'un mineur, autre que le père ou la
mère, doit faire ses diligences pour le faire
émanciper, dès qu'il est parvenu à l'âge de dix-
huit ans. Autrement ses parents, ou l'un d'eux,
au degré de cousin-germain, ou à un degré plus
proche, peuvent requérir le juge de paix de convoquer le conseil de famille pour délibérer sur
l'émancipation. Le juge est tenu de déférer à ce
réquisitoire.

Tous actes de pure administration appartiennent
au mineur émancipé; mais il ne peut emprunter,
vendre, aliéner, ou hypothéquer ses immeubles
sans l'autorisation d'un conseil de famille et suivant
les formes prescrites par les lois. Il ne peut encore
paraître en justice sans l'autorisation et l'assistance
d'un curateur aux causes qui lui est donné, ou

plutôt on ne peut dire *curator datur bonis non personæ* ; quoiqu'il ne soit ni comptable, ni administrateur, mais il surveille la conduite du mineur dans la jouissance de ses biens, dans l'emploi de ses capitaux, il le dirige et le retient dans le cercle tracé par la loi, en lui accordant ou refusant son autorisation pour agir.

La nomination du curateur aux causes se fait par un conseil de famille convoqué dans les formes ordinaires, mais spécialement lorsqu'il s'agit d'une émancipation conférée par le père ou la mère (1), tandis que lorsqu'elle est donnée sur avis de parents, c'est le même conseil qui procède, aussitôt l'émancipation prononcée, à la nomination de ce curateur. *V.* Conseils de famille.

Lorsqu'un mineur excède ses droits par des engagements inconsidérés ou illégaux, il peut être privé du bénéfice de l'émancipation, laquelle alors lui est retirée par un conseil de famille, convoqué par son curateur, ou l'un de ses parents, ou même d'office par le juge de paix. En ce cas, il rentre en tutelle du jour de la révocation de l'émancipation. Cependant le mineur n'est jamais exposé à cet événement pour cause d'acquisition par lui faite, il est capable d'acquérir comme le majeur, faculté qui lui était donnée dans l'ancienne législation et par le droit romain même. Il y en a un arrêt conforme de la cour de cassation du 9 ventose an 6.

(1) Jugé par la cour de Caen, le 27 juillet 1812, que le droit de nommer un curateur au mineur émancipé appartient au conseil de famille, et non au père du mineur.

Empêchement. En cas d'empêchement légitime d'un juge de paix et de ses suppléants, les parties doivent être renvoyées *par le tribunal de première instance* devant le juge de paix du canton le plus voisin. (*Loi du 16 ventose an 12.*)

Il faut observer qu'une simple ordonnance du président du tribunal ne suffirait pas pour opérer un tel renvoi légalement; car la loi défère au tribunal le droit de le prononcer, et non à l'un de ses membres.

Encombrement de la voie publique. *V.* Contraventions de première classe.

Enquête. C'est l'acte qui contient les dépositions des témoins entendus devant les tribunaux, pour opérer une preuve testimoniale.

Je ne parlerai ici que de l'enquête qui se fait devant le juge de paix en matière civile, celle qui a lieu dans les matières de police, s'opère à peu de chose près de la même manière. Mais elle trouvera sa place à l'article Procédure en matière de police. *Voyez*-le.

Si les parties sont contraires en faits de nature à être constatés par témoins, et dont le juge trouve la vérification utile et admissible, il ordonne la preuve, et en fixe l'objet. (*Article 34, Code de procédure civile.*)

Les faits qui ne sont pas de nature à être vérifiés par témoins, sont rapportés *verbo* preuves. Il ne suffit pas que les parties soient contraires en faits, pour ordonner une enquête, il faut encore que la preuve de ces faits soit offerte, autrement le demandeur qui n'a point de preuve écrite de sa demande doit en être débouté *ipso facto*, à moins que les faits sur lesquels repose sa demande, seraient accordés par le défendeur. Dans tous les cas, le juge ne peut ni ne doit ordonner d'office, une preuve qui n'est ni demandée, ni offerte.

Ces principes étaient sagement établis par l'ordonnance de 1667. La loi d'octobre 1790 les a répétés ; mais le nouveau code de procédure n'en parle pas à l'égard des juges de paix. Il faut suppléer à cette omission par les règles établies sur ce point par le même code, pour les tribunaux de première instance.

Pour parvenir à faire une enquête en matière civile, le juge de paix d'après la décision qui l'a ordonnée, délivre une cédule à la partie requérante pour faire appeler ses témoins à jour, lieu et heure fixes. Il doit même les indiquer par le jugement.

Sous le règne de la loi d'octobre 1790, la prononciation d'un jugement contradictoire ordonnant une enquête, ou autre opération, emportait de plein droit, citation aux parties pour le jour indiqué. L'article 28 du nouveau code a confirmé cette jurisprudence. En voici le texte : « les jugements qui ne seront pas définitifs, ne seront point expédiés quand ils auront été rendus contradictoirement et prononcés en présence des parties. Dans le cas où le jugement ordonnerait une opération à laquelle les parties devraient assister, il indiquera le lieu, le jour et l'heure, et la prononciation vaudra citation. »

Ainsi, pour faire une enquête, il est au moins

inutile de notifier aux parties la cédule que l'article 29 prescrit de délivrer, elle ne doit l'être qu'aux témoins. Le texte, d'ailleurs, de ce dernier article, ne dit point qu'elle le sera aux parties, mais il dit bien qu'elle sera délivrée, pour appeler des experts lorsqu'il en est nommé. Ce serait donc établir une contradiction formelle entre deux articles qui se touchent, que de notifier une cédule aux parties pour l'exécution d'un jugement qui ordonne une enquête, ou autre opération, à moins qu'il ne fût rendu par défaut, alors on doit lever le jugement, le notifier à la partie, ou du moins une copie de la cédule.

A l'audience fixée pour la preuve testimoniale, les témoins comparaissent séparément, déclarent leurs noms, prénoms, âges, qualités et demeures, s'ils sont parents, alliés ou domestiques des parties et le degré de leur parenté ; ils font ensuite le serment de dire vérité (1).

Cependant, avant que ce serment soit prêté, la partie qui a des reproches à fournir contre les témoins doit les proposer, et le juge lui en faire la demande. Autrement les reproches ne seraient plus admissibles après la déposition commencée, à moins qu'ils ne fussent justifiés par écrit.

Il y a sur ces points une lacune dans le nouveau code à l'égard des juges de paix, mais il faut y

______

(1) Telle était la jurisprudence primitive des juges de paix, qui avait sans doute été puisée dans l'ordonnance de 1667, article 14 du titre 22 ; dans celle de Blois, de 1529, article 203 ; et dans celle de François Ier, chapitre 7, article 14.

suppléer par des dispositions qu'il établit pour les tribunaux de première instance : sans cela les juges de paix seraient sur ce point comme sur plusieurs autres sans règles fixes et leurs formes de procéder seraient alors exposées à devenir arbitraires. *V*. REPROCHES.

Les témoins sont entendus séparément dans leurs dépositions en présence des parties comparantes s'il n'y a pas de reproches; mais s'ils sont reprochés, ils ne déposent qu'après que le juge a statué sur le mérite des reproches, ou du moins après qu'il a ordonné que les témoins reprochés seront entendus, selon le vœu de la loi. Le juge alors joint les reproches au fond pour y être fait droit en jugement et sans rien préjuger. — Les parties ne doivent pas interrompre les témoins ni leur faire aucune interpellation directe sous peine de 10 francs d'amende , même de plus forte somme et *d'exclusion* en cas de récidive (1). Le juge après la déposition faite , peut adresser aux témoins des interpellations , soit d'office , soit sur la demande des parties.

Lorsque l'aspect d'un local peut faciliter le développement des dépositions ou qu'elles doivent y être appliquées, notamment dans les actions possessoires , le juge de paix se transporte sur le lieu contentieux et y entend les témoins en présence des parties ; mais auparavant il doit ordonner ce transport par le jugement interlocutoire qui permet l'enquête.

(1) *Article 276 du Code de procédure civile.*

Dans tous les cas il n'est dressé de procès verbal d'enquête que dans les causes sujettes à l'appel. Cet acte contient les noms, âges, professions et demeures des témoins, leur serment de dire vérité, leurs déclarations s'ils sont parents, alliés, serviteurs ou domestiques des parties, les reproches qui auraient été fournis contre eux, leurs dépositions, la comparution des parties, le défaut donné contre la partie ou les témoins qui seraient défaillants, enfin la lecture qui est faite à chaque témoin de sa déposition, lequel déclare s'il y persiste et la signe, s'il le sait ou le peut, si non il est fait mention de son empêchement.

Ce procès verbal rédigé, signé par le juge et son greffier, la cause peut être jugée sur-le-champ, même sur le lieu contentieux, ou au plus tard à la première audience, à laquelle le juge renvoie les parties, qui sont tenues d'y comparaître sans citation préalable, lorsque ce renvoi est prononcé en leur présence et contradictoirement.

Quant aux causes qui sont jugées en dernier ressort, il faut que le jugement contienne sommairement tout ce qui doit être écrit dans un procès verbal d'enquête, en outre des dispositions ordinaires et des rédactions communes à tous jugements.

Si un ou plusieurs témoins sont défaillants, et que le juge trouve utile qu'ils soient entendus, il convient de les faire réassigner. A cet égard il existe une lacune dans le code de procédure pour les juges de paix; mais il faut la remplir par les formes prescrites pour les tribunaux de première instance: *V.* Témoins.

: Il est une autre lacune en cette matière; c'est que si, au jour fixé pour l'enquête, le demandeur ne complète pas sa preuve, ou que le défendeur n'ait pas fait la sienne contraire, et si l'un ou l'autre demande une prorogation de délai, la loi ne dit pas que le juge de paix l'accordera ou la refusera. Comme tout est sommaire dans ses attributions; que, d'ailleurs, il doit prononcer au plus tard à la première audience, on pourrait douter que cette prolongation fût dans le cas d'être accordée. Mais on peut dire que la loi étant muette sur ce point, son silence ne doit pas être prohibitif, et que la prorogation étant accordée dans les tribunaux de première instance, il est juste de ne pas refuser ici aux parties, ce qui leur est accordé en même hypothèse. -

Pour le complément de cet article, *V.* Dénégation. Reproches, Témoins.

Enregistrement. Tout acte sous signature privée ne peut être produit en justice s'il n'est enregistré, sous peine d'amende. (*Lois des 9 vendémiaire an 6, 22 frimaire an 7 et 19 décembre 1790.*)

Un jugement qui serait motivé sur un acte non enregistré serait nul : ainsi jugé par arrêt de la cour de cassation du 1er pluviose an 10. Il a même été décidé, en ce cas, que les juges et les arbitres sont responsables des droits d'enregistrement. Tel a été le dispositif d'un autre arrêt de la même cour, du 25 prairial an 10, et tel est aussi le texte de l'art. 47 de la loi du 22 frimaire an 7,

Si une partie se refusait à faire enregistrer une pièce dont elle a fait usage, le juge de paix devrait ordonner qu'elle serait enregistrée à la diligence de son greffier. C'est ce qui a été encore jugé par la cour suprême, par arrêt du 6 thermidor an 13. Cependant il faut du moins que le greffier soit dans la possibilité de faire faire cet enregistrement, c'est-à-dire qu'il soit nanti de la pièce; car, si la partie refusait de la déposer, le greffier ne pourrait agir; et alors le juge devrait se borner à dire, qu'avant de faire droit, la pièce serait déposée entre les mains de son greffier, et à faute par la partie qui exciperait de la pièce de la déposer dans le délai fixé, il la débouterait de sa demande ou de son exception.

En général les actes, procès verbaux et jugements des juges de paix doivent être enregistrés dans les vingt jours de leur date, soit sur la minute, soit sur l'expédition. Ceux enregistrés sur les minutes sont les procès verbaux d'apposition, de reconnaissance et de levée de scellés; ceux de nominations de tuteurs, curateurs, subrogés tuteurs; les avis de parents, les émancipations, les actes de notoriété, les adoptions, les tutelles officieuses; toutes les autorisations et acceptations, nominations d'experts et d'arbitres, oppositions aux levées de scellés par comparution personnelle, les ordonnances quelconques, les procès verbaux de conciliation ou de non conciliation.

Tous actes et jugements civils, soit par défaut,

soit définitifs, portant des condamnations, n'é-
taient soumis à l'enregistrement que sur les expéditions, d'après la loi du 22 frimaire an 7.
Mais, depuis, il a été prescrit et suivi des modes
d'enregistrement différents, par plusieurs réglements particuliers, principalement le décret du
12 juillet 1808, et la loi sur les finances, du 16
avril 1816. Nous serons très-brefs sur les dispositions de ces lois, dont l'exécution est particulièrement confiée aux agents de la régie des domaines
et de l'enregistrement ; il suffit d'analyser ce qui
se rapporte aux justices de paix. Continuons :

A l'égard des jugements rendus au tribual de
police par les juges de paix, on observe le même
ordre d'enregistrement que dans les matières civiles ; cependant, lorsque le ministère public est
seule partie poursuivante, les jugements sont enregistrés en débet au compte du ministère public.

Par l'article 37 du titre 7 de la loi du 28 avril
1816, dont nous venons de parler, tous actes judiciaires, en matière civile et de police, sont assujettis, sans exception, à l'enregistrement sur les
minutes ou sur les expéditions. Ainsi un interlocutoire, un simple préparatoire même doit être
enregistré.

Les droits de l'enregistrement sont acquittés
par les greffiers des juges de paix, sauf leur recours contre la partie. (*Art.* 29 *du tit.* 5 *de la
loi du* 22 *frimaire an* 7.) Et en cas de négligence de faire enregistrer, dans le délai fixé, ceux
des actes qui reçoivent cette formalité sur les minutes, ils sont personnellement passibles d'un

14.

double droit, à titre d'amende, pour chaque contravention. (*Art. 35, même loi.*) Les tribunaux
même ne peuvent les en dispenser, ni leur faire
remettre ce double droit quand il est acquitté.
C'est ce que la cour de cassation a jugé par arrêt
du 2 nivose an 7.

Il faut excepter de cette peine les jugements
rendus à l'audience, qui sont sujets à l'enregistrement sur minutes, lorsque les parties n'ont
pas consigné aux mains des greffiers la quotité
des droits dans le délai prescrit. Alors le recouvrement en est fait par voie de contrainte
contre les parties, lesquelles paient aussi le double
droit si le délai fatal est expiré. Mais les greffiers
doivent, à cet égard, fournir, dans les dix jours,
aux receveurs de l'enregistrement des extraits
par eux certifiés, des actes et jugements dont ils
n'ont pas reçu les droits, sous peine de 10 francs
d'amende pour chaque dix jours de retard, par
chaque jugement, et, en outre, d'être personnellement contraints au paiement des doubles droits.

Ces dispositions sont confirmées par l'article 38
de la loi déjà citée, du 28 avril 1816, qui oblige
en outre les greffiers à inscrire sur leurs répertoires les récépissés que doivent leur donner les
receveurs de l'enregistrement, des extraits qu'ils
sont tenus de leur fournir. C'est une condition
sans laquelle ils ne sont pas dispensés de faire
l'avance des droits.

Ces officiers sont encore passibles de plusieurs
autres amendes envers la régie de l'enregistrement;

ce qui doit les porter à une grande exactitude dans leurs fonctions.

1° Ils s'exposent à une amende de 5o francs, s'ils délivrent des extraits, expéditions ou brevets de tous actes du juge, avant qu'ils aient reçu la formalité de l'enregistrement, quand même le délai de vingt jours ne serait pas expiré.

2° Ils encourent pareille amende, s'ils font ou rédigent un acte en vertu d'une pièce sous signature privée, ou passée en pays étranger, avant qu'elle ait été enregistrée.

3° Ils ne peuvent, sous la même peine, annexer aux minutes dont ils sont dépositaires, un acte sous seing privé non enregistré; et en cas de fausse mention, ils peuvent être poursuivis criminellement. –

4° Si les greffiers reçoivent des pièces ou des sommes en dépôt, sans en dresser acte, ils sont passibles de 5o francs d'amende.

5° Ils doivent transcrire littéralement la quittance des droits perçus sur la minute, sous peine de 1o francs d'amende. Il en est ainsi des secondes et subséquentes expéditions.

6° Les greffiers sont obligés de tenir des répertoires à colonnes, cotés et paraphés par les juges de paix, sur lesquels ils doivent inscrire jour par jour, sans blancs ni interlignes, et par ordre de numéros, tous les actes et jugements qui doivent être enregistrés sur minutes, à peine de dix francs d'amende par chaque omission. Ces registres sont présentés tous les trois mois aux receveurs de l'enregistrement pour les viser, sous la même peine, et par chaque dix jours de retard. Mais ils encourent celle de 5o francs, s'ils refusent de communiquer leurs répertoires aux préposés de la régie à toute réquisition.

7° Enfin ils encourent l'amende de 100 francs, s'ils délivrent des expéditions qui ne contiennent pas vingt lignes à la page et dix syllabes à la ligne. (*Loi du* 21 *ventose an* 7.) Il a même été jugé par la cour de cassation, le 18 mai 1806, que, pour ce fait, les greffiers étaient destituables par le tribunal saisi de la contravention. J'avoue que cela serait rigoureux ; on ne trouve point une peine aussi forte, soit dans les nouveaux codes pénal et de procédure, soit dans le tarif des dépens, contre les greffiers, pour un tel fait, qui souvent peut n'être qu'une simple inexactitude ; mais on remarque bien dans le tarif, que lorsqu'il y a des vacations excessives, réclamées par les juges de paix, elles sont réduites par les présidents de première instance. Pourquoi n'en serait-il pas ainsi des greffiers ?

Estimation de dommage, ou d'Indemnité. Elle se fait par le juge de paix, ou par des experts convenus par les parties, ou nommés d'office par le juge, suivant les circonstances. Je ne parlerai ici que de cette dernière estimation, parce que celle que le juge de paix fait par lui-même trouvera naturellement sa place à l'article Visite des lieux.

Toute demande en paiement d'indemnités, de dommages, de restitutions de fruits, ou de remises d'objets en nature, doit toujours laisser à la partie défenderesse l'option de payer, ou uné somme fixe pour la valeur de la chose demandée, ou suivant une estimation qui en sera faite. Le juge de paix peut se dispenser, dans plusieurs de ces actions, de faire par lui-même l'estimation, à moins qu'il ne se trouve dans les cas prévus par les articles 38 et 41 du code de procédure civile, dont voici les textes : « Dans les cas où la vue du lieu peut être utile pour l'intelligence des dépositions, et spécialement dans les actions pour déplacements de bornes, usurpations de terres, arbres, haies, fossés ou autres clôtures, et pour entreprises sur les cours d'eau, le juge de paix se transportera, *s'il le croit nécessaire*, sur le lieu et ordonnera que les témoins y seront entendus. »

« Lorsqu'il s'agira, soit de constater l'état des lieux, soit d'apprécier la valeur des indemnités et des dédommagements demandés, le juge de paix ordonnera que le lieu contentieux sera visité par lui en présence des parties. »

On remarque dans ces textes des dispositions impératives et d'autres facultatives. Ainsi quand le juge de paix sera dans le cas de se dispenser de visiter les lieux et de faire les estimations, il adjugera par son jugement définitif une somme fixe pour les dommages - intérêts demandés, en laissant l'alternative d'une estimation par experts dans un temps limité, et, pour simplifier encore la procédure, il pourra faire convenir les parties du choix des experts, ou les nommer d'office, s'il y a lieu, par le même jugement.

Quand les experts sont nommés, il est nécessaire de les citer devant le juge, s'ils n'y comparaissent volontairement en présence des parties, pour accepter leur commission et faire le serment d'y procéder en leur ame et conscience, de quoi il est dressé procès verbal. Alors ils se rendent sur le lieu, estiment les dommages ou les ouvrages, ou enfin la valeur de tous autres objets litigieux; ce qu'ils font parties présentes ou dûment appelées. Ils en rédigent un rapport qu'ils font enregistrer et qu'ils déposent entre les mains du greffier du juge de paix.

Si les experts ne savent signer, ou seulement l'un d'eux, ils doivent se faire assister dans leurs opérations par le greffier du juge de paix, qui en dresse acte, et en reste dépositaire.

Ce circuit de citations, de procès verbaux, de rapports, de transports, de vacations, d'assistance, est nécessairement plus coûteux que la visite et l'estimation faites par le juge de paix. Aussi, je ne crains pas de le dire, il est plus simple et plus expéditif que le juge estime seul, *toutes les fois qu'il le peut*, et même sans transport sur les lieux, lorsque la chose demandée est modique et se reconnaît facilement. — Dans les premières années de l'institution des juges de paix, ils estimaient seuls les dommages, et autres indemnités. Cependant lorsque l'objet de l'estimation, ou d'une visite exigeait des connaissances étrangères aux juges, ils pouvaient ordonner que les gens de l'art, qu'ils nommaient par le même jugement, feraient les visites avec lui. Cette faculté leur est conservée par l'article 41 du nouveau code, dont je viens de rapporter le premier paragraphe.

Ces magistrats ont encore le droit de faire les estimations dans les causes de police, comme dans celles purement civiles ; à cet égard, *V.* Procé-dures en matière de police.

Exclusion de la tutelle. *V.* Tuteur.

Exécution forcée des actes et jugements. Je dois retracer quelques règles pour arriver naturellement aux formes de l'exécution des jugements et actes.

On ne peut mettre à exécution, soit provisoire, soit définitive, aucuns actes ni jugements, s'ils ne commencent et ne finissent par les mêmes formules que les lois. Cette règle est de rigueur ; elle a été introduite par plusieurs lois et confirmée par les articles 146 et 545 du code de procédure ; en voici les termes :

« Louis, par la grace de Dieu, Roi de France et de Navarre, à tous présents et à venir, savoir faisons que la cour royale de...... ou le tribunal de première instance de...... ou le tribunal de paix du canton de...... a rendu l'arrêt ou le jugement suivant. »

Et pour les actes ou écrits : « Louis, etc., savoir faisons que par-devant N...... et son collègue, notaires royaux à la résidence de..... fut présent, etc. »

On termine les uns et les autres de cette manière : « Mandons et ordonnons à tous huissiers sur ce requis, de mettre le présent acte, ou jugement, ou arrêt à exécution, à nos procureurs près les tribunaux de première instance d'y tenir la main, à tous commandants et officiers de la force publique de prêter main-forte lorsqu'ils en seront légalement requis. En foi de , etc. »

2° Aucuns jugements ou actes émanés de magistrats ou de fonctionnaires étrangers ne sont exécutoires en France s'ils ne sont déclarés tels par un tribunal français. Mais les jugements et actes passés en France sont exécutoires dans tout le royaume, sans *visa* ni *pareatis*, quoique l'exécution ait lieu hors du ressort des juges qui ont prononcé, ou des notaires qui ont reçu les actes.

Ces règles ne sont point modernes ; elles sont puisées dans les ordonnances de 1629 et de 1667. On peut dire maintenant qu'elles forment la loi générale (1). La jurisprudence ancienne exigeait qu'on obtînt, soit un visa, soit un pareatis pour le plus grand nombre des tribunaux, même pour les cours. Les juges-consuls en étaient exceptés par un édit de Charles IX, de 1564, renouvelé par une déclaration de Louis XIV, en 1669.

3° Si la condamnation portée dans un jugement n'est pas une somme déterminée, on ne peut d'abord l'exécuter que partiellement, c'est-à-dire, faire faire des actes conservatoires, sans pouvoir faire vendre les objets saisis jusqu'à la liquidation ou appréciation des choses qui font l'objet de la condamnation. Cette liquidation est fort

____

(1) *V.* les *art.* 2123, 2128 *du Code civil* ; 546 *et* 547 *du Code de procédure.*

simple pour les tribunaux de paix , puisqu'elle se
fait pour le juge lui-même , soit par son jugement
définitif, soit par un simple transport sur le
lieu. Elle peut se faire aussi par des experts. *V.*
ESTIMATIONS.

Mais toutes les fois que l'appréciation de l'indemnité ne fait pas corps avec le jugement, il faut
notifier le rapport ou l'acte estimatif à la partie
condamnée, et ensuite on passe outré, après un
commandement, à l'exécution pleine et entière du
jugement.

Cet incident est facile à éviter dans les justices
pacifiques : on ne doit jamais perdre de vue que
la simplicité s'y rattache constamment; alors en
formant toute action possessoire ou en dommages-
intérêts , il faut demander une somme déterminée
pour indemnité , en laissant l'alternative d'une
estimation. Le juge peut accorder une somme
fixe avec option à l'une et l'autre partie , de faire
estimer dans un court délai, de sorte qu'à défaut
de l'option dans le délai établi par le juge , son
jugement reste exécutoire pour la somme déterminée.

Pour parvenir à faire exécuter un jugement
d'un tribunal de paix, il faut distinguer s'il est
par défaut ou contradictoire, s'il est définitif ou
interlocutoire, ou simplement préparatoire. Par
défaut et définitif, il ne doit être signifié avec
commandement qu'après avoir été notifié purement et simplement à la partie condamnée , pour
faire courir le délai de l'opposition , qui est de
trois jours francs. Après ce terme , s'il n'y a op-

position au jugement, le commandement doit avoir lieu. Mais ce premier acte de contrainte peut se faire en vertu d'un jugement définitif et contradictoire, aussitôt qu'il est expédié. Quant aux interlocutoires et préparatoires par défaut, on doit les lever et signifier à la partie défaillante, afin qu'elle soit instruite des mesures ordonnées, et qu'elle puisse assister aux opérations si bon lui semble, ce dont on lui fait sommation par la signification du jugement. Mais à l'égard de ceux qui sont contradictoires, c'est-à-dire, prononcés en présence de toutes parties, ils ne sont ni levés ni signifiés, parce que leur prononciation vaut citation, et le greffier du juge de paix est tenu d'en apporter la minute lors des opérations ordonnées. (*Articles* 28 *et* 30 *du Code de procédure civile.*) *V*. Exécution des jugements non définitifs.

Après le commandement, les voies d'exécution sont : la saisie-arrêt, la saisie-brandon, les ventes de fruits, la saisie-exécution et vente des meubles, la saisie immobilière, et la contraite par corps dans les matières de police. Tous ces actes demandent autant de formes particulières qu'il faut suivre ; mais ce sont uniquement des actes d'officiers ministériels, étrangers à mon sujet. *V. cependant* Amendes, Portes fermées, Saisie-arrèt, Oppositions.

Les juges de paix connaissent-ils de l'exécution de leurs jugements ? C'est une question qui, selon moi, n'en devrait pas faire une et qui se trouve, depuis peu, un objet de controverse. Je dois établir les moyens employés pour et contre sur ce point important.

On ne doute pas que les juges de paix sont des juges d'exception et non des juges ordinaires. Les attributions spéciales qui leur sont faites le prouvent assez. Ils ne connaissent donc que des faits et des causes qui leur sont nommément délégués par les lois et les ordonnances.

La première qui leur a conféré une compétence, leur donne le jugement de toutes les causes *personnelles et mobilières* jusqu'à la valeur de 100 fr. Ces dispositions subsistent encore dans toute leur force ; les lois postérieures n'ont fait que les confirmer. Or, il est tout simple de dire que si les actions qui naissent de l'exécution des jugements des juges de paix, sont de même nature que celles des actions principales qui ont été jugées, c'est-à-dire, pures personnelles et mobilières, etc., la compétence est la même pour les uns que pour les autres. Il semble qu'il n'y a pas, sur cela, l'ombre d'une objection raisonnable, puisque c'est sans exception aucune, que la loi confère aux juges de paix la connaissance de toutes actions pures, personnelles et mobilières ; ainsi les saisies-arrêts, par un seul saisissant, les exécutions provisoires, les réceptions de caution, les estimations et autres actes de même nature mobilières, sont donc attribuées aux juges de paix par une suite nécessaire de ce qu'ils ont déjà jugé. Cela a même été décidé affirmativement, *in terminis*, par la cour de cassation, le 27 avril 1814. L'arrêt rendu sur une matière possessoire déclare formellement que le juge de paix est compétent *pour régler les suites de sa décision* (1). Or, l'exécution des jugements n'en est-elle pas une suite naturelle ?

Mais à cela on oppose aux juges de paix, 1° que les formes prescrites par le nouveau code de procédure dans plusieurs voies d'exécution des jugements, se rattachent essentiellement aux tribunaux de première instance.

Cela est vrai pour les saisies-exécutions, les distributions d'ordre et de deniers saisis, lorsqu'il y a plusieurs opposants et saisissants, les saisies immobilières, saisies-brandons, et gageries; mais cela est faux pour d'autres moyens de contrainte, notamment pour les saisies-arrêts, lorsqu'il n'y a qu'un seul saisissant, pour les oppositions, estimations, liquidations, etc., etc. Or, on n'étend pas les exceptions, on les renferme, au contraire, dans leur cercle particulier. Ainsi, peut-on dire pour les cas généraux, que les dispositions du code de procédure soient étrangères aux juges de paix ? Non certes; autrement il faudrait dire : les juges de paix n'auront d'autre compétence, d'autres attributions, d'autres fonctions que celles qui leur sont tracées par le titre premier de ce code qui leur est particulièrement consacré; il faudrait dire, que les dispositions relatives aux scellés, inventaires, avis de parents, établissements de gardiens, arrestations de débiteurs et une foule d'autres formalités, actes et fonctions attribuées *nommément* aux juges de paix, ne seraient plus de leur compétence, mais de celle des tribunaux de

(1) *V.* Sirey, *tome* 14, *première partie, page* 294.

première instance, parce que les attributions en sont contenues dans les titres prétendus particuliers à ces tribunaux; il faudrait dire, qu'en vain la loi offrirait des moyens simples et comparatifs de remplir les nombreuses lacunes existantes dans les articles relatifs aux formes de procéder en justice de paix; il ne serait pas permis de remplir ces lacunes par des dispositions analogues faites pour les tribunaux ordinaires, et qu'il conviendrait mieux d'y suppléer arbitrairement; il faudrait dire, enfin, que le titre 7 du livre 5 du code de procédure est fait *exclusivement* pour les juges de première instance, sans pouvoir être appliqué par d'autres, malgré que ce titre ne dise rien de semblable, et qu'il délègue les actes et formes qu'il prescrit à tous juges de domicile, tels que sont incontestablement les juges de paix dans tous les points de leurs attributions.

2° On objecte que les juges d'exception n'ont jamais connu, ni ne connaissent point de l'exécution de leurs jugements.

C'est une erreur un peu forte. On a constamment pensé, au contraire, dans l'ancienne jurisprudence, qu'à *tout juge* appartenait la connaissance de l'exécution de ce qu'il avait jugé; *de quibus rebus ad eumdem judicem agatur, et ne causæ continentia dividatur.*

Dès 1539, une ordonnance relative aux criées décida qu'elles se feraient devant les juges qui auraient rendu les jugements en vertu desquels elles seraient faites, même quand ils seraient des juges *d'exceptions.*

Un réglement général du parlement de Paris de 1598, avait statué que tous les juges de son ressort, ordinaires *ou autres*, connaîtraient des saisies, ventes, criées, adjudications, lorsqu'elles auraient lieu en exécution de leurs sentences.

Le 27 juin 1633, le célèbre avocat-général Bignon, en portant la parole dans une cause importante, entre le prévôt de la ville du Mans, et les officiers de la senéchaussée de la même ville, traita l'entreprise de ces derniers comme attentatoire à l'ordre des juridictions, et le parlement, conformément à ses conclusions, ordonna que *le prévôt* connaîtrait des voies d'exécution de ses jugements; déclara nulles les procédures faites à cet égard par les officiers de la sénéchaussée.

Ces principes furent encore consacrés le 24 janvier 1733, par un arrêt de réglement rendu entre lés juges-consuls d'Angoulême et le présidial de la même ville, lequel ordonna que les juges-consuls connaîtraient des *saisies* faites en vertu de leurs jugements, entre le *saisissant et le débiteur*, sauf, dans les cas où il y aurait plusieurs tiers opposants, et que le tiers saisi prétendrait ne rien devoir, à renvoyer les parties devant les juges ordinaires. (*Recueil de Jousse*, tom. 3, page 432.)

Enfin l'autorité du roi s'interposa sur ce point. Un arrêt de son conseil du 8 mars 1740, fit défense à toutes personnes de se pourvoir sur l'exécution des jugements rendus par les juges d'exception ailleurs que devant les officiers des

mêmes siéges , fit défense à tous juges d'en connaître, à peine de 500 fr. d'amende , tant contre
les juges que contre les parties, et de tous dépens,
dommages - intérêts. (*Dictionnaire des eaux et
foréts*, verbo *exécution des jugements.*)

Voilà , sans doute , une jurisprudence constante
et positive en faveur des juges d'exception ; et si
les juges de paix sont tels, comme on n'en peut
douter , ils doivent , comme leurs prédécesseurs,
connaître de l'exécution des jugements.

Il ne faut pas , cependant , se dissimuler que
l'on ne peut appliquer aux juges de paix l'ancienne
jurisprudence dans toute son étendue sur ce point,
parce que les lois nouvelles y dérogent en partie.
Il est des actions sur l'exécution des jugements qui
sont sujettes aux conclusions du ministère public
et qui exigent les fonctions des avoués ; il en est
d'autres qui portent directement sur la propriété,
comme la saisie immobilière. Ces causes sont de
véritables exceptions dont les juges de paix ne
peuvent connaître; mais toutes les fois qu'il n'existe
pas de telles exceptions , par quels motifs enleve-
rait-on à ces magistrats la connaissance d'actions
personnelles et mobilières sur l'exécution de leurs
jugements de même nature, notamment, pour
les saisies-arrêts, lorsqu'il n'y a qu'un seul saisissant, pour les oppositions aux actes et jugements
qui émanent d'eux , pour les estimations, réceptions de caution et autres matières dont ils sont
doublement compétents de connaître , *ratione*
materiæ , ratione domicilii ? J'avoue que je n'en
vois aucun motif légal , ni même raisonnable.

3º On objecte encore, que les lois n'attribuent pas aux juges de paix, *nommément*, la connaissance de l'exécution de leurs jugements et qu'elles la refusent, au contraire, formellement aux juges de commerce, qui sont, comme les premiers, des juges d'exception.

Dès que la loi a parlé, toute discussion doit, sans doute, cesser. Je conviens qu'elle est formelle et impérative à l'égard des juges de commerce ; mais jamais aucune loi, depuis l'existence des juges de paix, ne leur a interdit de régler l'exécution de leurs jugements; ils sont donc dans une hypothèse essentiellement différente de celle des juges de commerce ; il y a plus, les lois nouvelles, comme les lois primitives, ont donné aux juges de paix des attributions dans lesquelles les voies d'exécution entrent nécessairement par leur nature même. N'en citons que trois : les appréciations des indemnités, les permissions de saisir et gager sur un débiteur forain, les exécutions provisoires à la suite desquelles viennent les réceptions de caution; ne sont-elles pas toutes des voies d'exécution des jugements ? ne sont-elles pas même des accessoires des causes principales jugées ? s'il en était autrement, il faudrait dire : en vain une action de telle nature est une et indivisible, il faut néanmoins la diviser de fait et de droit, en faire une part principale pour un premier juge chargé de la vérifier, et réserver la part accessoire pour un second juge exécuteur. Comment nommerait-on une telle proposition ? je laisse au lecteur à prononcer. Ne vaut-il pas mieux dire :

Ubi lex non distinguit, ibi nec nos distinguere de-bemus? Continuons :

On pourrait dire encore, dans la supposition étrange que je réfute : la loi ne nomme pas en détail toutes les actions possessoires, person-nelles, mobilières qu'elle attribue généralement aux juges de paix ; donc on peut en excepter toutes celles qui ne sont nommées particulièrement ; donc on pourra enlever à ces justices toutes les nuances qui prêteront à de telles exceptions. Ce serait là certainement une véritable absurdité ; or, je demande s'il y a bien loin de cette hypothèse paradoxale, au système de priver les juges de paix des suites des causes qu'ils jugent : quelques réflexions vont seules prononcer.

De quelles matières décident les juges de paix, et comment les règlent-ils? de causes sommaires, terminées sommairement, *summariè et de plano, sine strepitu, formâ et figurâ judicii.* C'est ainsi que les anciens juges d'exception décidaient, et tel est le véritable esprit des lois nouvelles envers les juges de paix. S'il en est ainsi, il n'est donc pas vrai de dire que ces magistrats n'ont que la nue connaissance des affaires qui leur sont attri-buées, *nudam causæ notionem.*

Autrement, tout sommaire cesserait à leur égard : à peine le fait serait jugé, que les formes ordi-naires, même extraordinaires, envelopperaient les causes les plus simples et les plus minutieuses et finiraient toujours par engloutir en frais et le principal du créancier , et la fortune du débiteur (1).

En effet , dès qu'il serait une fois décidé que les juges de paix n'ont aucun droit de suivre l'exécution de ce qu'ils ont jugé , que seraient leurs jugements ? de simples titres pour plaider dans les cours et tribunaux sur leur exécution , sans laquelle il n'y a pas d'espoir de paiement pour le créancier légitime.

Mais alors les justices de paix, qui sont les justices uniques (pour ainsi dire) des pauvres , des ouvriers, des artisans , des manœuvres , des cultivateurs , seraient, sinon anéanties, du moins paralysées dans la partie la plus considérable de leur autorité. Cette foule de petits créanciers qui pour de minces capitaux de 20 , 30 , 40 , 50 fr. , est réduite à solliciter chaque jour des jugements contre des débiteurs de mauvaise foi , ou peu exacts , ou agités par la passion ; cette foule, dis-je , aura-t-elle les moyens de suivre les nombreuses et très - coûteuses formalités des saisies-arrêts, devant les tribunaux de première instance? pourra-t-elle débourser le décuple des capitaux adjugés , lorsqu'elle manque souvent du nécessaire ? non certainement. Alors plus d'espoir de justice pour l'ouvrier , l'indigent , etc. Cette idée serait trop affligeante si elle était dans l'esprit de la loi. Mais calmons-nous , la loi ne, veut pas détruire d'une main ce qu'elle a édifié de l'autre; elle ne veut pas enlever aux juges de paix les attri-

(1) Alors nous n'aurions pas à nous féliciter d'avoir aboli les justices féodales.

butions qu'elle leur a fait respecter depuis leur création, pour en enrichir les juges de première instance. Or, c'est ce qu'elle ferait très-évidemment, si elle prescrivait de suivre l'exécution des jugements des premiers devant les autres. Que décideraient, en effet, les juges de première instance, en prononçant la validité d'une saisie-arrêt, faite pour une somme de 100 francs et au-dessous, adjugée par un jugement du juge de paix? ils décideraient du mérite d'une action pure personnelle et mobilière, exclusivement attribuée par dix lois différentes aux juges de paix; et alors ils saperaient dans ses premiers fondements la plus heureuse de nos institutions sociales. Alors ils se déclareraient compétents, par une incompétence même, pour juger des causes que la loi leur défend impérativement; alors ils commettraient un abus de pouvoir grave.

La cour suprême était bien éloignée d'un pareil système, lorsqu'elle a déclaré expressément, par son arrêt du 27 avril 1814 (1), *que tout juge de paix est compétent pour régler les suites de sa décision.* Certes, voilà une disposition très-expressive qui me paraît trancher toute difficulté.

Aussi je n'hésite pas à dire que le juge de paix auquel un tribunal de première instance refuserait, par un jugement, la connaissance de l'exécution de ses décisions, dans les cas non exceptés par la loi, notamment la validité de la saisie-arrêt, lorsqu'il n'y a qu'un seul saisissant, serait très-fondé à élever le conflit, qui serait

(1) *Voyez* Sirey, *tome* 14, *première partie, page* 294.

décidé par la cour de cassation. J'ose même dire que j'ai lieu de croire que Mgr le garde des sceaux de France a partagé cette opinion , car ayant été consulté en pareille matière, il a simplement répondu : « C'est aux tribunaux à prononcer. »

EXÉCUTEUR TESTAMENTAIRE. C'est celui qui est chargé par le testateur de faire exécuter son testament.

L'exécuteur testamentaire doit faire apposer les scellés sur les meubles , effets, titres et papiers de la succession du testateur , lorsqu'il y a des héritiers mineurs, absents, interdits, ou un conjoint absent ou interdit. Il fait ensuite procéder à l'inventaire du mobilier qui se trouve sous les scellés, dans les formes ordinaires, en présence des héritiers et autres intéressés , ou de ceux qui on droit de les représenter légalement, en vertu de procuration ou de jugement , ou du moins après que toutes les parties intéressées ont été appelées à cet inventaire , suivant qu'il est prescrit par l'article 931 du code de procédure. *V.* SCELLÉS APRÈS DÉCÈS, LEVÉE DE SCELLÉS *idem* , INVENTAIRE *idem*.

Malgré que l'exécuteur testamentaire ait le droit de concourir, avec les héritiers et le conjoint survivant, à la nomination des notaires et commissaires-priseurs qui doivent procéder à l'inventaire , il ne peut empêcher les héritiers d'en nommer particulièrement de leur choix unique ; lesquels sont adjoints, pour opérer , à ceux nommés par l'exécuteur testamentaire. Tel est le dispositif de l'arrêt de la cour de Paris, du 6 février 1806.

Cependant l'article 935 du code de procédure ordonne, au contraire, que, lorsque les parties ne s'accorderaient pas sur le choix des officiers qui doivent rédiger l'inventaire, le président du tribunal de première instance en nommera d'office.

Exécution des jugements qui ne sont pas définitifs. Je traite dans les articles *estimations et visites des lieux*, des formalités nécessaires pour l'exécution des jugements préparatoires ou interlocutoires. *Voyez-les.* Je n'ajoute ici qu'une seule règle : c'est que toutes les fois que le juge de paix se transporte sur le lieu contentieux pour en faire la visite, pour apprécier des indemnités ou pour entendre des témoins, il est accompagné du greffier, qui porte la minute des jugements, parce que tous ceux qui ne sont pas définitifs ne peuvent être ni levés, ni signifiés, et que leur prononciation, quand ils sont contradictoires, vaut citation aux parties. (*Articles* 1er *et* 16 *du titre* 6 *de la loi d'octobre* 1770, 28 *et* 30 *du Code de procédure civile.*)

Exécution provisoire. Elle était réduite à un petit nombre de cas d'après l'ancienne jurisprudence et les ordonnances de nos rois (1). Il était défendu à tous juges d'ordonner l'exécution provisoire de leurs sentences, nonobstant l'appel, sinon dans les cas portés par les lois, à peine de répondre des dommages-intérêts des parties. La législation actuelle n'a fait que peu de changements sur ce point pour les juges ordinaires, mais elle a donné aux juges de paix une liberté presque illimitée,

____

(1) Notamment celles de 1563, 1566, 1579 et 1667.

preuve de la haute confiance qu'elle accorde à cette institution bienfaisante.

Dès le 24 août 1790, les législateurs ordonnèrent l'exécution provisoire des sentences des nouveaux juges jusqu'à la valeur de 100 francs, en matière personnelle et mobilière, à la charge de donner caution. Mais l'art. 17 du code de procédure va beaucoup plus loin ; en voici le texte : « Les jugements des juges de paix seront exécutoires par provision nonobstant l'appel , et *sans qu'il soit besoin de fournir caution*, jusqu'à concurrence de 300 francs. Les juges de paix pourront, dans les autres cas, ordonner l'exécution provisoire de leurs jugements , mais à la charge de donner caution. »

Ce texte embrasse toutes les décisions civiles de ces juges ; la loi veut les faire respecter toutes par une exécution provisoire , malgré l'appel : il n'y a de différence que dans le mode de cette exécution.

Ce mode est fort simple. Quand il n'y a pas lieu de fournir une caution, on passe outre , malgré l'appel , aux voies de contraintes sans formalités particulières. Mais si la caution doit être fournie, le demandeur cite sa partie adverse devant le juge de paix , immédiatement après l'appel, pour accepter ou contester la caution qu'il présente, aux jour et heure qu'il désigne par sa citation.

Si la solvabilité de la caution n'est pas contestée , elle est reçue sans difficulté , et en conséquence elle fait sa soumission au greffe de répondre des sommes principales et accessoires portées au jugement dont est appel. Si , au contraire , elle est contestée , le demandeur doit justifier de sa solvabilité par titres , si le juge l'ordonne : autrement elle est rejetée , et il doit en présenter une autre avant de pouvoir faire exécuter le jugement par provision. Dans tous les cas, dès que la caution est admise , et qu'elle a fait sa soumission au greffe , on fait exécuter le jugement après avoir fait notifier la réception et la soumission de la caution.

Ces formes sont plus simples que celles prescrites pour les tribunaux de première instance ; mais elles remplissent le vœu de la loi en assurant à l'appelant un recours certain contre l'exécution provisoire en cas d'infirmation du jugement.

EXPERTS. *V*. ESTIMATIONS, INVENTAIRES, SERMENT , VISITES DES LIEUX.

EXTRACTION DE PAPIERS ET TITRES. En quel cas doit-elle avoir lieu? *V*. LEVÉE DE SCELLÉS PROVISOIRE ET PARTIELLE.

F.

FAILLITE. *V*. SCELLÉS POUR CAUSE DE FAILLITE.

FALSIFICATIONS DE COMESTIBLES OU DE LIQUIDES. *V*. CONTRAVENTIONS DE DEUXIÈME CLASSE.

FAUX. « Les juges de paix ne pourront connaître de l'inscription de faux ou de négation d'écriture ; et lorsqu'une partie déclarera vouloir s'inscrire en faux , ils lui en donneront acte , et renverront la cause au tribunal du district. » (*Loi du 27 mars* 1791 , *article* 15.)

L'ordonnance de 1670 et la déclaration du 15 mai 1703, avaient enjoint aux juges-consuls de renvöyer devant les juges ordinaires toutes dénégations d'écritures. L'article 427 du code de procédure répète cette disposition, et son article 14, reproduisant cette prohibition pour les juges de paix, leur prescrit de parapher la pièce, *ne várietur* ; formalité prudente qui peut prévenir tout changement dans la pièce déjà arguée de falsification. Voici le texte de l'article 14 :

« Lorsqu'une des parties déclarera vouloir s'inscrire en faux, déniera l'écriture ou déclarera ne pas la reconnaître, le juge lui en donnera acte ; il paraphera la pièce et renverra la cause devant les juges qui en doivent connaître. »

On voit d'après ce que je viens de dire que les législations anciennes et nouvelles ont placé dans la compétence des juges ordinaires les procédures longues et difficiles qui ont lieu sur les inscriptions de faux, soit incident, soit principal, par préférence aux juges d'exception. Cependant, à l'égard des juges de paix même, dans les matières de police et des douanes, il y a exception en leur faveur. Deux arrêts de la cour de cassation l'ont ainsi jugé, et l'article 459 du code d'instruction criminelle prononce impérativement, que l'inscription de faux sera poursuivie devant la cour ou le tribunal saisi de l'action principale. *V.* Douanes.

Femme mariée (la) ne peut, en matière de police, intenter une action pour injures à elle dites ou faites, sans l'autorisation de son mari ; mais elle n'a pas besoin de cette autorisation pour se dé-

fendre des plaintes portées contre elle. Cette exception à la règle *stare in judicio*, a été constamment suivie dans l'ancienne et nouvelle jurisprudence, et il y a un arrêt de la cour de cassation
du 1er juillet 1808. *V. l'art.* 216 *du Code civil.*

Fêtes et Dimanches. Les juges de paix peuvent
juger ces jours-là et vaquer à des opérations
extrajudiciaires. Le nouveau code de procédure
en contient des dispositions précises, répétées
de la loi d'octobre 1790. Les juges ordinaires
peuvent bien vaquer à des opérations urgentes les
jours fériés ; cette faculté leur a été accordée depuis bien des siècles, car elle nous vient du
droit romain (1). Mais ces juges ne peuvent prononcer aucuns jugements ces mêmes jours ; c'est
une prérogative nouvelle et particulière accordée
aux seuls juges de paix.

En général, les solennités des fêtes et dimanches doivent être observées par tous les fonctionnaires publics ; ainsi que par tous les citoyens de
quelques classes qu'ils soient, tellement qu'il n'est
permis à aucun de se livrer à un travail exté-
rieur.

Depuis long-temps la piété et la sagesse de nos
rois ont constamment pris des mesures pru-
dentes pour faire respecter les jours consacrés à
la religion ; cependant il y a eu, suivant les temps

---

(1) *Quamvis citatio die feriato fieri non debeat, hæc
regula fallit, quoties res urget, aut actionis dies exiturus ;
adeò ut res esset peritura, quando dilatio periculosa est.
L.* 1 , *de Feriis et dilationibus.*

et les lieux , beaucoup de variations dans les
moyens et dans les peines. Il serait trop long pour
l'objet de cet ouvrage de rappeler même sommairement les édits, ordonnances, déclarations et
réglements qui ont paru sur ce point important.
Il me suffit de dire ici que la loi du 18 novembre
1814 prescrit tout ce qui est utile et sage pour
l'observation des fêtes et dimanches. Je dois en
donner le texte, parce qu'il contient des attributions importantes pour les juges de police.

« *Article* 1er. Les travaux ordinaires seront
interrompus les dimanches et jours de fêtes reconnus par la loi de l'état.

» *Art.* 2. En conséquence, il est défendu lesdits jours , 1° aux marchands d'étaler et de
vendre, les ais et volets des boutiques ouverts ;

» 2° Aux colporteurs et étalagistes de colporter
et d'exposer en vente leurs marchandises dans les
rues et places publiques ;

» 3° Aux artisans et ouvriers de travailler exté-
rieurement et d'ouvrir leurs ateliers ;

» 4° Aux charretiers et voituriers employés à des
services locaux de faire des chargements dans les
lieux publics de leur domicile.

» *Art.* 3. Dans les villes dont la population
est au-dessous de cinq mille ames, ainsi que dans
les-bourgs et villages, il est défendu aux cabare-
tiers, marchands de vin, débitants de boisson,
traiteurs, limonadiers, maîtres de paume et de
billard, de tenir leurs maisons ouvertes et d'y
donner à boire et à jouer lesdits jours pendant le
temps de l'office.

» *Art.* 4. Les contraventions aux dispositions ci-dessus seront constatées par procès verbaux des maires et adjoints, ou des commissaires de police.

» *Art.* 5. Elles seront jugées par les tribunaux de police simple et punies d'une amende qui, pour la première fois, ne pourra excéder cinq francs.

» *Art.* 6. En cas de récidive, les contrevenants pourront être condamnés au *maximum* des peines de police.

» *Art.* 7. Les défenses précédentes ne sont pas applicables, 1° aux marchands de comestibles de toute nature, sauf cependant l'exécution de l'article 3 ;

» 2° A tout ce qui tient au service de santé ;

» 3° Aux postes, messageries et voitures publiques ;

» 4° Aux voitures de commerce par terre et par eau et aux voyageurs ;

» 5° Aux usines dont le service ne pourrait être interrompu sans dommage ;

» 6° Aux ventes usitées dans les foires et fêtes dites patronales, et au débit des menues marchandises dans les communes rurales, hors le temps du service divin ;

» 7° Aux chargements de navires marchands et autres bâtiments du commerce maritime.

» *Art.* 8. Sont généralement exceptés des défenses ci-dessus, les meuniers et les ouvriers employés à la moisson et autres récoltes, aux travaux urgents de l'agriculture, aux constructions et réparations

motivées par un péril imminent ; à la charge, dans
ces deux derniers cas, d'en demander la permission
à l'autorité municipale.

« *Art.* 9. L'autorité administrative pourra
étendre les exceptions ci-dessus aux usages locaux.

« *Art.* 10. Les lois et réglements de police antérieurs, relatifs à l'observation des fêtes et dimanches, sont et demeurent abrogés. »

On doit louer la sagesse et la modération de
cette loi ; elle fait, d'ailleurs, cesser des incertitudes fâcheuses qui existaient dans la législation
qui l'a précédée. Cette incertitude a été telle, qu'il
y a eu des jugements de police cassés, et d'autres
confirmés sur les mêmes faits d'inobservation
des fêtes et dimanches.

Feuille d'audience. C'est un cahier ou plumitif
tenu par le greffier du juge de paix, pour y inscrire les minutes des jugements et ordonnances
que rend ce magistrat. Cette feuille est signée par
le juge qui a tenu l'audience et par son greffier.
(*Article* 18 *du Code de procédure.*)

La loi des 14 et 18 octobre 1790, titre XVIII,
article 3, avait statué que les greffiers des juges de
paix feraient, pour chaque affaire, une minute
détachée et particulière ; mais on a reconnu les
inconvénients de cet ordre de travail, qui était
unique dans les greffes. On a donc adopté pour
les justices de paix le même ordre que pour les
tribunaux ordinaires, celui de tenir un plumitif
contenant toutes les décisions du même juge, du
moins au civil.

Quant au mode de tenir cette feuille, on doit se régler sur les dispositions de la circulaire du ministre de la justice du 26 septembre 1808, qui prescrit d'y écrire, non-seulement le dispositif du jugement, mais encore les motifs qui lui servent de base. Il serait, en effet, très-insuffisant de se borner à écrire sur le primitif les seuls noms des parties et l'extrait du dispositif du jugement, comme cela s'est trop souvent pratiqué. Cette méthode vicieuse ne pourrait même servir à donner des expéditions complètes, à moins que le juge n'ajoutât après coup, soit des dispositions, soit des détails ou développements au texte écrit de ses décisions, ce qui lui est impérieusement défendu par les lois. — Au reste, pour éviter de revenir sur un travail qui doit être fait dans les vingt-quatre heures de la prononciation, il convient d'insérer sur la feuille d'audience, les jugements, tels qu'ils doivent être expédiés, sauf la formule exécutoire qui n'appartient qu'à l'expédition. La loi d'octobre 1790, article 3, titre VIII, voulait que la minute d'un jugement définitif fût le tableau exact de l'instruction qui le précédait; mais le code de procédure ne dit rien sur la rédaction d'un tel jugement, pour les juges de paix. Il est convenable de suppléer cette lacune, soit par les dispositions dont je parle, de la loi d'octobre 1790, soit par le texte de l'article 141 du code de procédure qui prescrit tout ce que doit contenir un jugement d'un tribunal de première instance.

On remplira les dispositions de l'une et de

l'autre loi, en se conformant à la circulaire ministérielle du 26 septembre 1808, et en y ajoutant les noms, qualités et demeures des parties, avec leurs conclusions, qui doivent faire la tête de tout jugement.

Flagrant délit. *V.* Police judiciaire.

Forfaiture. Ce mot vient de *foras facere*, faire contre le devoir. Autrefois il n'y avait lieu à la forfaiture qu'à l'égard des officiers de justice; maintenant elle est étendue à tous les fonctionnaires publics. Nous ne parlerons ici que de ce qui concerne les juges.

Le code pénal du 3 brumaire an 4 disait : « Il y a forfaiture de la part des juges, lorsque dans les cas précisés et déterminés par la loi seulement, ils commettent quelques crimes ou délits dans l'exercice de leurs fonctions. »

Le nouveau code a fait plusieurs changements à ces dispositions. L'article 121 statue que tous officiers de police judiciaire, tous procureurs-généraux ou ordinaires du roi, tous substituts et juges qui auront provoqué, donné ou signé un jugement, une ordonnance ou un mandat quelconque contre les ministres, les législateurs, les conseillers d'état, sans les autorisations prescrites par les constitutions (excepté le cas de flagrant délit), seront coupables de forfaiture et punis de la dégradation civique.

La même peine est appliquée aux juges et aux officiers publics qui retiendraient ou feraient retenir un individu hors les lieux déterminés par le gouvernement ou par l'administration publique, ou qui traduiraient un citoyen devant une cour d'assises ou spéciale sans qu'il ait été d'abord légalement mis en accusation ; ou enfin, qui, par coalition, pratiqueraient des mesures contraires aux lois.

Il y a encore forfaiture de la part des juges, quand ils s'immiscent dans l'exercice du pouvoir législatif, soit par des réglements, soit en suspendant l'exécution des lois, soit en délibérant même si elles seront publiées ou exécutées ; quand ils s'immiscent dans les matières administratives par des réglements ou des défenses ; enfin, quand, ayant permis de citer des administrateurs pour raison de leurs fonctions, ils persistent dans l'exécution de leurs ordonnances ou jugements, malgré l'annulation qui en aurait été faite ou le conflit qui leur aurait été notifié.

Toute forfaiture pour laquelle la loi ne prononce pas de peine plus grave, est punie de la dégradation civique ; mais les délits ordinaires ne constituent pas les fonctionnaires en forfaiture. (*Articles* 167 *et* 168, *Code pénal.*)

La dégradation civique consiste dans la destitution du condamné, dans l'exclusion de tous emplois publics et la privation des droits civils. Cette peine est infamante. L'application s'en poursuit d'après les règles du code d'instruction criminelle. (*V. l'article* 483 *et suivants.*)

Fossés. *V.* Haies.

Francisation. On entend par ce mot, un acte par lequel un navire, un bâtiment ou bateau, est déclaré de construction française ; ou reconnu pour

appartenir à un port français, et avoir pour armateur un Français.

« Tout armateur, en présentant le congé et les
titres de propriété du bâtiment, sera tenu de déclarer en présence d'un juge de paix et de signer
sur le registre des bâtiments français, qu'il est
propriétaire du bâtiment ; qu'aucun étranger n'y
est intéressé, directement ou indirectement, et
que sa dernière cargaison arrivée des colonies
ou des comptoirs français n'est point un armement
en commission, ni propriété étrangère. » (*Loi du
21 septembre* 1793.)

Ces dispositions, quoique portées dans des temps
désastreux, ne sont point changées, du moins
dans leur première partie ; elles s'exécutent, au
contraire, si exactement, que pour changer même
l'attache d'un bâtiment à un port français, il est
nécessaire de réitérer les déclarations prescrites
devant le juge de paix.

On insère, au surplus, dans ces déclarations,
les proportions du navire, le lieu de sa construction, le nom du maître ou capitaine qui le
conduit.

Fruits cueillis ou mangés sur le lieu. *V*. Contraventions de première classe.

G.

Garanties et Garants. Il y a plusieurs sortes
de garanties ; savoir : la formelle, qui naît de la
nature de l'obligation même, comme celle de la
vente d'un immeuble ; la garantie simple, qui a
lieu entre plusieurs coobligés solidaires, ou qui

résulte de la loi ou des principes d'équité; la garantie de fait ou conventionnelle, qui naît d'une convention non écrite; et la garantie légale, qui a presque tous les caractères de garantie simple.

Dans les tribunaux de paix, il n'y a ordinairement lieu qu'à ces trois dernières sortes de garanties, parce que les causes de faits simples, d'engagements personnels, d'actions possessoires et mobilières, sont celles qui y sont le plus souvent jugées, et ce sont celles, encore, qui donnent lieu aux garanties simples, de fait et légales.

« Si, au jour de la première comparution, le défendeur demande à mettre garant en cause, le juge accordera délai suffisant en raison de la distance du domicile du garant. La citation qui sera donnée sera libellée, sans qu'il soit besoin de lui notifier le jugement qui ordonne sa mise en cause. » (*Article* 32 *du Code de procédure civile.*)

Ces dispositions sont prises de la loi d'octobre 1790. Il en est ainsi de l'article 33, dont voici le texte : « Si la mise en cause n'a pas été demandée à la première comparution, ou si la citation n'a pas été faite dans le délai fixé, il sera procédé sans délai au jugement de l'action principale, sauf à statuer séparément sur la demande en garantie. »

Il résulte clairement de ces deux textes que le garant est toujours appelé devant le juge où l'action principale est pendante, soit qu'il demeure dans son territoire, soit qu'il n'y réside pas. Telle

16.

était aussi l'ancienne jurisprudence. Il est naturel que ce juge connaisse du principal et de l'incident, car une garantie n'est qu'une conséquence, ou une suite d'une cause première; mais, lorsque le garant n'est pas domicilié dans le ressort du juge de paix saisi de la cause principale, il doit commettre l'huissier de la justice en laquelle réside le garant, pour lui notifier la cédule qui l'appelle à la garantie.

Il résulte encore de ces mêmes textes, que la citation en garantie doit contenir sommairement les moyens qui lui servent de base, *ratione petendi*; qu'elle est en outre assujettie aux mêmes formes que l'action principale; que, d'ailleurs, l'instruction et le jugement de cette dernière ne peuvent être retardés par les poursuites de la garantie, sur-tout lorsqu'elle n'est pas demandée dès la première comparution, ou lorsqu'on a laissé écouler les délais fixés pour la former. Cet ordre était établi long-temps avant le nouveau code; l'ordonnance de 1667 disait qu'il serait fait droit sur l'action principale, aussitôt qu'elle serait en état de recevoir réglement, indépendamment de l'action récursoire.

On observait, d'ailleurs, suivant cette ancienne ordonnance, de notifier au garant copie de la demande principale, et de lui communiquer les pièces justificatives de l'action en garantie. Mais ces procédures ne peuvent avoir lieu en justice de paix, puisque la loi défend d'y faire signifier aucunes défenses ni écritures entre les parties. Aussi, j'ai toujours vu faire verbalement et manuellement toutes les communications possibles dans les tribunaux de paix ; on va même jusqu'à s'abstenir, dans les matières de police, de notifier à un prévenu le procès verbal qui constate sa culpabilité ; une instruction ministérielle le prescrit ainsi. Je ne vois donc pas sur quelle autorité se fonde M. Daubanton, dans ses nombreux formulaires, pour établir des communications de pièces, des requêtes, etc., dans les justices de paix ; ce ne sont là que des opérations illégales et frnstratoires.

En matière de police, il n'y a pas de garantie proprement dite ; cependant, lorsqu'un prévenu, en convenant du fait qui lui est imputé, excipe qu'il ne l'a pas commis seul, mais que d'autres individus y ont participé, le juge de paix doit, avant de faire droit, ordonner qu'ils seront appelés et mis en cause, tant pour supporter, s'il y a lieu une portion des indemnités et réparations civiles, que pour recevoir et subir particulièrement la peine qu'ils ont encourue comme *socii et participes criminis*.

Gardes champêtres. Ils doivent affirmer dans les vingt-quatre heures leurs procès verbaux devant le juge de paix, ou, à défaut, devant le maire ou son adjoint. (*Loi du 22 juillet 1791.*) Ce délai ne se compte que du moment de la signature du procès verbal, et non du moment de la contravention. Ainsi jugé par arrêt de la cour de cassation du 2 messidor an 13.

A défaut de cette affirmation, les procès verbaux des gardes, même ceux de tous les fonctionnaires désignés dans l'article 2 de la loi du 29 floréal an 10, ne feront aucune foi en justice, ni ne pourront motiver une condamnation. Tel est le texte de l'article 2 du décret du 18 août 1810, conforme à la jurisprudence qui l'avait précédé.

Les gardes champêtres sont placés sous la surveillance de l'autorité administrative et sous la juridiction particulière des juges de paix. (*Loi du 22 juillet* 1791.) Ils le sont plus particulièrement sous celle du procureur du roi. *Art.* 17 *du Code d'instruction criminelle.*

Ces gardes peuvent exercer leurs fonctions sur la simple commission qui leur est délivrée ; ils doivent d'abord prêter leur serment d'installation devant le juge de paix, à peine de nullité de tout ce qu'ils pourront faire, puisque c'est ce serment seul qui leur donne foi en justice.

Les rapports ou procès verbaux de ces gardes ne font foi en justice que jusqu'à la preuve contraire ; ils étaient rédigés autrefois par le greffier du juge de paix du lieu du délit (1). Cette disposition a été changée par des lois postérieures. Les gardes rédigent eux-mêmes leurs procès verbaux, soit sur le lieu, soit à la mairie, soit dans leur propre domicile, en requérant le délinquant de les y suivre pour assister à leur rédaction, en entendre lecture, la signer ou déclarer s'ils ne le savent.

Un garde ne peut suivre les choses dérobées ou pillées, si elles ont été transportées dans une

____

(1) *Lois des* 5 *janvier* 1791 *et* 22 *juillet même année.*

maison, dans un atelier, bâtiment, cour, enclos, qu'en se faisant assister du juge de paix ou de l'un de ses suppléants, ou, à *leur défaut*, du maire ou de son adjoint.

Les juges de paix connaissent de la validité des rapports des gardes champêtres, soit en la forme, soit au fond, lorsqu'ils constatent des contraventions de leur compétence. Ainsi, ils les annullent quand ils ne contiennent pas les formes prescrites, et ils n'y ont aucun égard quand ils sont vagues ou obscurs, ou qu'ils sont atténués par la preuve contraire, qui est toujours admissible contre ces rapports.

Ils doivent contenir la date des jour, mois, heure et an qu'ils sont faits ; les nom, prénoms, domicile du garde, la mention de sa commission, et celle de son serment ; le fait qui constitue la contravention ou le délit ; les confrontations et désignations du lieu où le mal a été commis ; les noms et demeures des contrevenants, leurs réponses aux choses constatées ; le lieu de la rédaction du procès verbal ; la sommation aux délinquants d'y assister, d'en entendre lecture et de signer s'ils le savent ou le veulent ou leur déclaration contraire ; la déclaration, si le rapport est fait en présence du prévenu ou en son absence ; s'il s'est retiré, la signature du garde ; enfin l'affirmation qu'il en fait dans les vingt-quatre heures devant l'officier compétent.

Je ne parlerai point ici des autres fonctions des gardes, qui se rapportent aux délits qui sont jugés correctionnellement. On peut voir à cet égard, mon *Commentaire sur la législation de simple police*, dans lequel on trouvera, avec tous les détails convenables, des formules d'actes ou rapports pour tous les cas auxquels les gardes champêtres ont le droit d'en faire.

GARDIENS DE SCELLÉS. Ils peuvent être présentés par les parties ; mais s'ils n'ont pas les qualités requises, ou s'il n'en est pas présenté, le juge de paix les nomme d'office. (*Code de procédure civile, article* 914, § 10.)

La loi ne dit point quelles sont les qualités requises pour être gardien de scellés, ce qui serait désirable. Mais, sur ce silence, il faut s'en rapporter à ce qu'elle établit pour d'autres gardiens judiciaires au titre des saisies exécutoires. L'art. 598 du même code porte : « Ne pourront être établis gardiens, le saisissant, son conjoint, ses parents et alliés jusqu'au degré de cousin-germain inclusivement et ses domestiques. Mais le saisi, son conjoint, ses parents, alliés et domestiques pourront être établis gardiens de leur consentement et de celui du saisissant. »

Cette disposition est conforme aux articles 13 et 14 du titre 19 de l'ordonnance de 1667. Ainsi, sauf les personnes exceptées, toutes les autres peuvent être établies à la garde des scellés. Il faut d'ailleurs que tout gardien soit français, majeur et domicilié dans le lieu où est établi le scellé.

Un décret du 6 vendémiaire an 4 avait interdit aux femmes d'être gardiennes de scellés ; mais un décret du 21 du même mois, modifiant des dispositions trop rigoureuses, décida qu'elles ne s'appliqueraient qu'aux scellés apposés sur les meubles et effets appartenant au gouvernement.

Les gardiens ont droit à une taxe pendant tout le temps que dure leur mission. Elle varie suivant les lieux où ils sont établis. *V. le Tarif général des dépens du 20 février* 1807.

GÉRENT. « En cas de saisie d'animaux et ustensiles servant à l'exploitation des terres, le juge de paix pourra, sur la demande du saisissant, le propriétaire entendu ou appelé, établir un gérent à l'exploitation. » (*Article* 594, *Code de procédure.*)

Une telle saisie n'a ordinairement lieu qu'en cas de saisie immobilière, puisque les animaux et ustensiles servant à l'exploitation des terres, sont déclarés immeubles par destination, et que de tels objets sont déclarés insaisissables, dans les saisies et exécutions. (*Articles* 524, *Code civil,* et 592, *Code de procédure.*)

Au reste, la nomination d'un gérent tend évidemment à empêcher l'abandon de la culture des domaines, pendant le temps que dure la saisie. Dès-lors il est juste d'appeler les parties intéressées pour les entendre respectivement avant de choisir le gérent.

GREFFIERS DES JUGES DE PAIX. Ce sont des fonctionnaires nommés par le Roi, pour écrire, sous la dictée ou la prononciation du juge, ses jugements, ordonnances et procès-verbaux. Ils ne peuvent faire par eux-mêmes aucun acte, à peine de nullité, même de faux. Mais le juge de paix peut opérer sans son greffier, en cas d'absence, d'empêchement ou d'urgence, sans qu'en ce dernier cas il y ait nullité, car aucune loi ne le prononce ainsi. Cependant, dans ces cas extraordinaires, il est mieux que le juge nomme un commis-greffier temporaire, pour l'assister au civil; car, lorsque le juge exerce comme officier de police judiciaire, il n'a pas besoin de greffier, il agit constamment seul.

Dans les premières années de leur institution, les juges de paix pouvaient se dispenser d'avoir un *secrétaire-greffier*; ils les nommaient et destituaient à volonté; ils recevaient leur serment d'installation, et ils doivent le recevoir encore, malgré que quelques tribunaux prétendent le contraire. Le 26 octobre 1792, la faculté de nommer leurs greffiers fut retirée aux juges de paix et donnée aux assemblées primaires; mais elle fut bientôt rendue à ces juges, qui l'ont conservée jusqu'à la loi qui a déclaré les greffiers à la nomination du souverain.

Une autre loi, du 8 frimaire an 5, décida une question singulière sur le titre des greffiers des juges de paix. Quelques-uns d'entre eux, secondés par des assesseurs, qui existaient alors, élevèrent la prétention d'être qualifiés greffiers des justices de paix, et, en conséquence, de ne pouvoir être nommés ou révoqués par le juge de paix seul, sans le concours des assesseurs.

Un message du Directoire exécutif qui provoqua cette loi, traita la question d'une manière approfondie; il établit que là où l'autorité de la justice résidait dans un seul magistrat permanent, celui-là était à-la-fois le juge et le tribunal ; qu'ainsi le greffier n'était que celui du juge et non de ceux qui n'exerçaient près de lui que des fonctions momentanées. Le texte de la loi confirme ces principes.

Cette disposition acquiert une force nouvelle dans l'état actuel des choses : le juge de paix est plus que jamais le juge unique et permanent de son tribunal, et même constamment ; car les suppléants qui lui sont donnés n'exercent aucune fonction avec lui, ni près de lui ; ils ne sont quelque chose dans l'administration de la justice que par la volonté, la délégation, ou l'empêchement du juge de remplir ses fonctions.

Aussi, la loi du 8 frimaire an 5 est restée le type fondamental du titre donné aux greffiers des juges de paix ; tellement que celle du 28 floréal an 10, qui les a déclarés à la nomination du souverain, ne leur donne pas d'autre qualification que celle de *greffiers des juges de paix*. Les cinq codes même, dans presque toutes les dispositions qui les concernent, le tarif qui règle leurs droits, et beaucoup de lois particulières, les nomment greffiers des juges de paix ; la cour de cassation, enfin, a décidé qu'ils ne sont pas officiers du gouvernement : le texte de l'arrêt terminera cet article. *Voyez*-le à la fin.

Mais c'est assez discourir du véritable titre de ces officiers. Parlons de leurs fonctions : ils se placent pendant les audiences à un bureau particulier au-dessous du siége du juge de paix, et à sa droite ; ils portent le même costume que le juge, excepté le galon d'argent à la toque, qu'ils n'ont pas ; ils se lèvent et se découvrent quand ils font les lectures des pièces, procès verbaux, jugements interlocutoires ou préparatoires que l'instruction des causes nécessite de faire ; ils se découvrent aussi quand le juge prononce ses jugements, et quand ils prennent note, *ce qu'ils font à l'instant même.* (*Loi du 26 octobre* 1790.) Mais ils ont vingt-quatre heures pour inscrire ces jugements sur la feuille d'audience ou plumitif.

La rédaction des actes et jugements se fait par les greffiers sous la dictée, la prononciation, ou même sous la simple approbation du juge. Les jugements et ordonnances sont écrits sur la feuille d'audience ; les autres actes sont faits sur des feuilles séparées. Mais tous restent en dépôt entre les mains des greffiers, qui en sont responsables par corps. Cependant une loi du 6 frimaire an 4 a décidé que les minutes des juges de paix seront déposées chaque année dans un local de l'administration municipale. Cette disposition est en contradiction avec le principe de la responsabilité de tout dépositaire public ; du moins il n'est pas douteux que les greffiers cessent d'être responsables des minutes du juge, dès qu'elles ne sont plus entre leurs mains, ce qui me paraît, d'ailleurs, contraire aux usages observés dans les autres tribunaux et dans les cours. Néanmoins un décret du 20 novembre 1809 a ordonné la publication de la loi du 6 frimaire an 4.

Les greffiers délivrent des expéditions de tous

jugements et procès verbaux qui doivent s'expédier, mais ils ne le peuvent faire qu'après que l'acte est signé par le juge ; autrement ils s'exposeraient à être poursuivis comme faussaires (1). Ces expéditions doivent contenir vingt lignes à la page. (*Loi du* 21 *ventose an* 7 , *décret du* 16 *février* 1807.)

On ne peut expédier les jugements qui ne sont pas définitifs : les greffiers en portent les minutes pour les présenter aux juges de paix dans toutes les opérations interlocutoires et préparatoires qui exigent des déplacements. Cependant ceux de ces dernières sortes de jugements qui sont rendus par défaut, doivent s'expédier et se signifier ; cela résulte de l'article 28 du code de procédure, et de l'ordre même de l'instruction de la cause, qui ne peut valablement rester inconnue à l'une des parties, quoique défaillante. Il ne peut encore être délivré d'expédition des procès verbaux de conciliation ou de non conciliation, d'apposition et de levée de scellés, si la demande n'en est faite par écrit. On délivre seulement des extraits des premiers de ces actes.

Les greffiers des juges de paix visent les originaux des oppositions aux levées de scellés et des rapports de saisies immobilières, dont il leur est laissé copie. Ils visent aussi les actes de récusation des juges de paix, qu'ils communiquent à ces

(1) *Article* 139 *du Code de procédure*, qui est puisé dans les dispositions du sixième article de l'ordonnance de Charles VII , de juillet 1493.

magistrats à l'instant même, afin d'obtenir leur déclaration en réponse; ils transmettent l'une et l'autre pièce dans les trois jours au procureur du roi.

Ils sont gardiens de droit des clefs des serrures sur lesquelles sont apposés les scellés. Elles leur sont remises jusqu'à la levée; mais il leur est défendu, sous peine d'interdiction, d'aller dans la maison où sont apposés les scellés, avant leur levée. Cette défense est commune aux juges de paix.

Les greffiers rédigent et signent les rapports ou procès verbaux des experts quand ils ne savent pas écrire, ou seulement l'un d'eux. (*Article* 317, *Code de procédure civile.*)

Dans les villes et chefs-lieux où il n'y a qu'un seul juge de paix, son greffier fait le service près de lui au tribunal de police. Mais lorsque dans une même ville il y a plusieurs juges de paix, ils composent un tribunal de police particulier, où chacun préside à son tour, et il y a un greffier spécial qui exerce d'une manière permanente sous tous les juges du tribunal. Celui-là est bien le greffier du corps, parce qu'il sert à tous les membres et non à aucun d'eux exclusivement.

Les fonctions de ces différents greffiers sont à peu près les mêmes aux audiences, aux transports du juge et dans les expéditions qu'ils délivrent; les droits et vacations qu'ils perçoivent n'ont aussi que quelques légères variations. Le tarif du 16 février 1807 est celui qui règle les émoluments des greffiers des juges de paix; et celui du 18 juin 1811, établit les droits des greffiers de police. Je n'entrerai point dans le détail de ces dépens, qui sont connus, sans doute, de tous ceux qui les perçoivent comme de ceux qui doivent les régler.

Des commis-greffiers peuvent être nommés par les greffiers de paix; ils ont, à cet égard, le même droit que les greffiers des tribunaux de première instance; mais ces commis-greffiers ne sont point reconnus ni salariés du gouvernement. Les juges de paix peuvent aussi nommer des commis-greffiers temporaires, à raison des absences ou empêchements de leurs greffiers. Ce droit est inhérent à leur autorité; l'ancienne et la nouvelle législation ont constamment respecté ce droit, et il en existe plusieurs arrêts, dont le plus remarquable est du 6 novembre 1817, rendu par la cour suprême. En voici les motifs : « La cour, attendu que les juges de paix, obligés de suppléer fréquemment à l'absence ou l'empêchement de tous greffiers, ne peuvent rester dans l'inactivité et sont forcés de confier temporairement à des commis-greffiers celles des fonctions qui ne peuvent être remplies par leurs greffiers, *pour quelque cause que ce soit;* que dans l'espèce l'arrêt attaqué déclare avoir vu l'acte qui commet le greffier qui a apposé le visa sur le procès verbal de saisie, etc., rejette, etc. »

Les greffiers sont passibles de différentes amendes dans les cas déterminés par les lois : 1º pour les expéditions qui ne sont pas conformes, par lignes et par syllabes, à ce qui est prescrit par les réglements ; 2° pour le défaut de répertoire qu'ils doivent tenir jour par jour, sans blancs ni interlignes et par ordre de numéros, de tous les actes et jugements de leur juge ; 3° pour omissions sur ce répertoire ; 4° pour le refus ou négligence de le représenter aux agents de la régie ; 5° pour le défaut de représentation à l'enregistrement dans les vingt jours, des actes et jugements ; auquel cas ils sont passibles du double droit sans répétition contre les parties. Au reste, j'ai réuni dans l'article Enregistrement tout ce qui impose, sur ce point, des obligations et des peines aux greffiers des juges de paix.

En cas de prévarication, ces officiers peuvent être traduits de suite devant les officiers de police judiciaire ou devant les juges d'instruction, sans autorisation de l'autorité supérieure ; ils ne sont pas considérés comme fonctionnaires du gouvernement ; tels sont les termes d'un arrêt de la cour de cassation du 26 décembre 1807.

H.

Haies et Fossés. Une haie entre deux héritages est réputée mitoyenne, s'il n'y a titre ou possession contraire, à moins qu'il n'y ait qu'un seul héritage en état de clôture.

Une haie ne peut être plantée qu'à un demi-mètre du terrain du voisin ; autrement il peut la faire arracher ; et si les branches avancent sur son terrain, il peut contraindre le propriétaire à les couper. Si ce sont les racines qui avancent sur sa propriété, il peut les arracher lui-même.

Tout fossé entre deux héritages est aussi présumé mitoyen, s'il n'y a titre ou marque du contraire. Il y a marque de non mitoyenneté lorsque la levée ou le jet de la terre se trouve d'un côté seulement ; alors le fossé est censé appartenir exclusivement à celui du côté duquel se trouve le jet. (*Art.* 666 *à* 668 *du Code civil.*)

Les *usurpations de haies et fossés commises dans l'année ; les arrachements des arbres et haies, faits dans le même temps, ou seulement leurs détériorations (lorsqu'il n'y a délit), donnent lieu à des actions possessoires, dont les juges de paix connaissent en première instance, à quelque somme ou valeur que la cause puisse monter, et en dernier ressort jusqu'à 5o fr.

Une haie mitoyenne peut être l'objet d'une action possessoire, quoique le droit de mitoyenneté soit un droit réel, dont il dérive une action pétitoire. La cour de cassation a jugé que toute possession de choses indivises ou non, excepté celle qui tend à établir une servitude, donne lieu à l'action en complainte. Tel est le dispositif de son arrêt du 8 vendémiaire an 14. Elle a même étendu ce principe jusqu'aux terrains communaux par autre arrêt du 21 octobre 1807. .

Heures. « Aucune signification, citation, exécution, ne pourra être faite depuis le premier octobre jusqu'au 31 mars, avant six heures du matin et après six heures du soir ; et depuis le premier avril jusqu'au 3o septembre, avant quatre heures du matin, et après neuf heures du soir. (*Article* 1037, *Code de procédure.*)

Cette disposition puisée dans l'ordonnance de 1667, doit s'appliquer à tous actes et jugements des magistrats de paix, excepté lorsqu'ils opèrent comme officiers de police judiciaire dans les cas de flagrant délit, sur la clameur publique, sur la réquisition d'un chef de maison pour crime ou délit. (*V. l'article* 36 *du Code d'instruction criminelle, imité du* 125e *du Code de brumaire an* 4.)

Ces lois ont décidé, que l'officier de police, dans les cas cités, opère de suite sans distinction d'heures. Il n'y a pas, en effet, de temps à perdre pour poursuivre les coupables, et constater leurs délits.

Huissiers des juges de paix. La première loi qui établit un ordre de procéder devant les juges de paix, ne leur accorda point d'huissiers. Les cédules et les citations étaient notifiées par les greffiers des municipalités; mais les ordonnances et jugements étaient mis à exécution par des huissiers.

On ne tarda pas à reconnaître dans cette division, des inconvéniens nuisibles à l'activité de la justice et à l'expédition des affaires. Le législateur accorda d'abord des huissiers aux juges de paix des villes (1). Peu d'années après, il accorda à tous les juges de paix le droit de nommer un huissier pour le service de chaque justice (2), ce qui fut

(1) *Loi du* 27 *mars* 1791.
(2) *Loi du* 19 *vendémiaire an* 4.

exécuté jusqu'au 28 floréal an 10 , époque où une loi nouvelle permit à chaque juge de paix d'avoir deux huissiers pour le service de son tribunal. Cette disposition subsiste encore.

Ces huissiers sont nommés et révoqués à volonté par le juge de paix. Il n'est pas même obligé d'en motiver les destitutions. (*Mêmes lois*, *Décision du ministre de la justice du 20 prairial an 5.*)

Les huissiers résident dans le canton du juge auquel ils sont attachés, et même au chef-lieu (1). Ils ne peuvent être nommés que parmi les huissiers des cours d'appel et des tribunaux de première instance. Cependant s'il n'y a point d'huissiers de cette qualité résidants dans le canton, le juge de paix peut nommer tous autres individus pour ses huissiers. Mais en ce cas la nomination doit être confirmée par les juges de première instance. (*Loi du 28 floréal an 10.*)

Les fonctions de ces huissiers sont de donner exclusivement (2), devant les juges de paix, les citations aux parties, témoins, experts, etc.; de notifier les jugements et de les signifier avec commandement. Ils n'ont plus besoin, pour citer ou assigner, d'obtenir des cédules, que le code de 1807 a supprimées , sauf dans quelques cas particuliers. Mais ils ne peuvent exercer leurs fonc-

(1) *Décret du 14 juin 1813.*

(2) *Lois des 6 et 27 mars 1791 , et du 19 vendémiaire an 4, article 27.*

tions que dans le ressort du juge qui les a nommés, tellement, que lorsqu'il s'agit d'appeler une partie ou un garant domicilié hors le canton, il faut commettre par une cédule l'huissier du juge du domicile de celui qu'il s'agit d'assigner.

Tous les actes du ministère des huissiers se font à personne ou domicile; lorsque les personnes contre lesquelles ils instrumentent sont absentes de leur domicile, ainsi que leurs parents ou domestiques, ces actes sont remis par copie à un voisin qui signe l'original; et, si ce voisin ne peut ou ne veut signer, l'huissier remet la copie de son acte au maire ou à l'adjoint de la commune, lequel, en vise l'original sans frais. (*Articles* 68, *Code de procédure,* 3 *et* 4 *du titre* 2 *de l'ordonnance de* 1667.)

Les huissiers sont passibles des frais frustratoires et illégaux qu'ils peuvent faire, ainsi que des dommages-intérêts des parties; et, suivant la gravité des cas, ils peuvent être suspendus de leurs fonctions (1). La loi n'excepte pas même les cas où leurs actes ne seraient pas nuls, puisque pour de simples omissions ou contraventions, elle permet de condamner les huissiers à une demande de 5 francs à 100 francs. (*Articles* 1030 *et* 1031, *Code de procédure.*)

Il est une autre amende dont les huissiers sont

---

(1) L'interdiction peut même avoir lieu pour la simple omission du coût des exploits sur l'original et la copie. *Art.* 66 in fine *du tarif des dépens du* 16 *février* 1807.

passibles : c'est celle de 5oo francs, lorsqu'ils rédigent des actes pour des individus sujets à la patente et qu'ils omettent d'y faire mention de la
date, numéro et classe de cette patente. (*Loi
du* 1ᵉʳ *brumaire an* 7, *et ordonnance du* 23
décembre 1814.)

Le service des tribunaux de police se fait encore
exclusivement par les huissiers des juges de paix,
qui sont en exercice à ces tribunaux et pendant
le temps de l'exercice. Ce service consiste, comme
dans les justices civiles, à assister aux audiences,
à y appeler les causes, à maintenir l'ordre et la
tranquillité et à exécuter de suite tout ce que le
juge ordonne pour la police de ses audiences. Les
citations, notifications et commandements se
font aussi en police, exclusivement, par les huissiers du juge-président. Mais ces officiers ne peuvent,
ni au civil, ni en police, instrumenter pour leurs
parents en ligne directe, ni pour leurs frères et
sœurs, ou alliés au même degré. Le juge de paix,
en cas de cet empêchement, commet un autre
huissier. Il y a encore empêchement pour l'huissier qui est fondé de pouvoir général ou spécial de
la personne pour laquelle il instrumente, au temps
de son acte ; la cour de cassation l'a décidé ainsi,
et a même déclaré nul l'acte de l'huissier mandataire de la partie requérante. Son arrêt du 24
novembre 1817, est confirmatif de celui de la
cour de Rennes du 14 octobre 1815.

Si des huissiers non attachés aux juges de paix
se permettent de donner des citations devant leurs
tribunaux, ou de signifier leurs jugements sans être

commis, ils sont passibles d'une amende de 6 fr., qui est prononcée par le juge de paix, dont moitié est applicable à ses huissiers, et l'autre est versée au receveur de la régie de l'enregistrement. (*Lois du 26 octobre 1790, et 27 mars 1791; Arrêt de la cour suprême, du 24 frimaire an 11.*) Un second arrêt de ladite cour du 23 mai 1817 a été plus loin, puisqu'il a déclaré que l'amende de 5 fr. à 100 fr. peut être appliquée à l'huissier qui instrumente en justice de police, sans en avoir le droit ou qualité; mais cet arrêt décide aussi que la citation de l'huissier étranger à la justice de paix, n'est pas nulle en matière de police, la loi ne prononçant pas cette nullité.

Il n'en est pas ainsi des actes d'exécution des jugements des juges paix; ces actes peuvent être faits par tous huissiers indistinctement. (*Arrêt de la cour de cassation, du 10 brumaire an 12.*)

Dans les cérémonies publiques, les huissiers, vêtus du costume qui leur est affecté, marchent devant les juges de paix.

I.

Ignorance. Il est très-commun dans les tribunaux de paix d'entendre des parties exciper de leur ignorance des lois, des formes et même des faits, pour s'excuser des imputations qui leur sont faites, ou pour éluder des demandes. J'ai donc cru nécessaire de faire ici quelques observations sur les diverses sortes d'ignorance admises ou rejetées en droit.

On remarque l'ignorance du droit naturel,

l'ignorance de fait, l'ignorance affectée, l'ignorance des lois, l'ignorance relative à l'art ou profession que l'on exerce.

Celle du droit naturel n'est jamais excusable, parce que ce droit n'est autre chose que la justice naturelle. Un plaideur qui voudrait couvrir sa cupidité et sa mauvaise foi en alléguant son ignorance à cet égard, pourrait-il être raisonablement écouté ? Non; *quia furtum jure naturali prohibitum est.*

L'ignorance de fait se divise en faits publics et en faits privés. Celle des faits publics ou notoires n'est jamais excusable, mais celle des faits privés peut l'être, quand elle existe de bonne foi, sur-tout lorsqu'elle se joint à la rusticité réelle. Cela dépend assez des circonstances d'après lesquelles le juge apprécie la véracité ou la simplicité de celui qui s'excuse.

L'ignorance affectée se divise encore; savoir, celle de son propre fait, et celle suggérée par la malice. Ni l'une ni l'autre ne me paraissent excusables, parce que le but de ces affectations est presque toujours d'en tirer quelque profit au préjudice d'un tiers; on ne suppose pas ordinairement qu'une partie perde la mémoire jusqu'à oublier ses propres faits, et on admet moins encore les mauvaises actions d'un plaideur comme son excuse. Voici ce que dit la loi à cet égard: *Quod peccat ignarus, et quod peccatur per ignorantiam, excusabile est, ubi sola ignorantia errati causa est; sed ubi non ignorantia, sed ignava errati causa est, non excusat.*

Quant à l'ignorance des lois, elle ne peut être admise sous aucun rapport; *ignorantia juris neminem excusat.* Enfin, celle relative à l'art ou profession qu'on exerce donne lieu à des dommages-intérêts lorsqu'il en est résulté des torts ou préjudices à autrui. Cependant la jurisprudence n'est pas rigoureuse sur ce point : on admet assez souvent des excuses quand la faute n'est ni grossière, ni malicieuse.

IMMEUBLES PAR DESTINATION. *V.* MEUBLES.

IMMONDICES (Jet d'). *V.* CONTRAVENTIONS DE PREMIÈRE CLASSE, N° 12, et CONTRAVENTIONS DE DEUXIÈME CLASSE, N° 8.

IMPÔTS INDIRECTS. Les attributions faites aux juges de paix dans ces matières, sont non contentieuses, sauf pour les octrois, dont je ferai un article séparé.

L'article 88 de la loi du 5 ventose an 12 a attribué la connaissance des contestations qui pourraient survenir sur le fond des droits établis ou maintenus par cette loi, aux tribunaux de première instance, qui en décident correctionnellement à la chambre du conseil, avec les mêmes formalités prescrites pour les causes relatives à la régie de l'enregistrement et des domaines.

Le décret du 1er germinal an 13, dans tout ce qui concerne la partie contentieuse des impôts indirects, n'a établi aucun changement dans la compétence des juges. Les lois postérieures ont laissé subsister ce même ordre, et l'ordonnance du roi, du 24 décembre 1814, l'a confirmé par son article 47, en ces termes : « Les procès verbaux, constatant les contraventions et infractions à la présente loi, seront rédigés, poursuivis et jugés d'après les règles établies pour les autres perceptions confiées à la régie des impositions indirectes. » Ainsi, les lois de l'an 12 et de l'an 13 subsistent entièrement pour le contentieux de ces impôts.

Les juges de paix ont la faculté de recevoir le serment des employés de la régie en concurrence avec les juges de première instance. (*Décret du* 1er *germinal an* 13, *article* 20.) Mais les juges de paix reçoivent seuls les affirmations de ces employés sur la sincérité de leurs procès verbaux, à l'exclusion de tous autres juges. L'acte d'affirmation se fait, dans les trois jours de la date du procès verbal, devant le juge de paix du lieu de la saisie. Il énonce que lecture a été faite par le juge aux affirmants de leur procès verbal ; le tout à peine de nullité. (*Articles* 25 *et* 26, *même décret.*)

Les contraintes décernées contre les redevables, et même contre les comptables, par les receveurs directeurs de la régie, n'ont aucune force exécutoire, si elles ne sont revêtues de la sanction du juge de paix du chef-lieu de la recette, par un *visa* qu'il donne au pied de la contrainte (1). Cependant le défaut de ce *visa* ne rend pas nulles, d'une nullité substantielle, les contraintes, puisqu'il a été jugé par arrêt du 14 novembre 1815, rendu par la cour de cassation, que cette

(1) *Loi du* 22 *frimaire an* 7 , *art.* 64.

nullité peut se couvrir par les défenses au fond.
Au reste, le *visa* ne peut être refusé par le juge
de paix, sans s'exposer à une responsabilité personnelle. Il ne doit d'ailleurs exiger aucuns frais
pour cette formalité. Il cote et paraphe aussi gra-
tuitement les registres et portatifs des employés
de la régie ; il en fait de même pour les registres que les débitants et brasseurs sont autorisés
à tenir pour constater les exercices des employés.
(*Loi du* 28 *avril* 1816.)

Si l'apposition des scellés est requise par un
employé principal de la régie, sur les effets et
papiers des comptables, les juges de paix sont
seuls compétents pour l'ordonner et y procéder
(sauf appel). Mais, dans cette opération, ils ne
doivent pas comprendre sous le scellé les registres de recette et autres de l'année courante ;
ils doivent seulement les parapher, les arrêter,
en faire mention sur leur procès verbal, et les
remettre au préposé qui se trouvera chargé par
interim de la recette, lequel en demeurera garant comme dépositaire de justice. (*Décret du*
1ᵉʳ *germinal an* 13, *art.* 40.)

Enfin, les juges de paix ont le droit d'assister
aux visites et perquisitions que les directeurs et
agents supérieurs de la régie des impôts indirects
autorisent chez les particuliers soupçonnés de
faire ou de favoriser la fraude. Ces visites, qui
ne peuvent se faire que pendant le jour, seraient
illégales et vexatoires, si elles n'étaient validées
par la présence du magistrat qui a l'autorité
de pénétrer dans l'asile du citoyen sans le violer.

Il n'est pas besoin de dire qu'il ne s'agit, dans ces visites, que des personnes non débitantes ou marchandes en gros, puisque celles qui le sont souffrent nécessairement les exercices des simples commis. Tout jaugeage, fait par les employés de la régie peut être contesté par le redevable; en ce cas, le juge de paix nomme un expert pour vérifier le jaugeage des commis; mais si la régie, à son tour, conteste l'opération de l'expert, il est fait une contre-vérification par un nouvel expert, qui est nommé par le président du tribunal de première instance. (*Art.* 146 *de la loi du* 28 *avril* 1816.)

IMPRESSION. Les juges de paix peuvent ordonner l'impression et l'affiche de leurs jugements dans plusieurs cas :

1° Lorsqu'ils prononcent une condamnation d'amende contre un individu qui manque de respect à la justice pendant l'audience. Les affiches, en ce cas, n'excèdent pas le nombre des communes du canton. Cette peine est facultative, puisque la loi dit : *pourront être condamnés, etc.*

2° Lorsqu'ils appliquent des peines de simple police, infligées par la loi du 19 juillet 1791, et par le code de brumaire an 4 dans les cas non prévus par le dernier code pénal; car ces anciennes lois ont alors toute leur force. « Dans les matières qui n'ont pas été prévues par le présent code, et qui sont régies par des lois et réglements particuliers, les cours et tribunaux continueront de les observer. » (*Art.* 484 *du Code pénal.*)

Mais l'impression et l'affiche d'un jugement de police ne peuvent, ce me semble, être ordonnées pour des contraventions établies par le nouveau code, parce que, dans les peines qu'il inflige à cet égard, l'impresssion et l'affiche n'y sont pas comprises. Or, personne ne doute que les juges ne doivent pas prononcer des peines que les lois n'ont pas prescrites. La cour de cassation l'avait jugé ainsi, avant ce nouveau code, par un arrêt du 30 juillet 1807 ; elle avait décidé que l'affiche d'un jugement ne pouvait jamais être prononcée comme peine, quand elle n'était pas permise ou ordonnée par la loi.

Le même arrêt a décidé qu'un tribunal de police ne peut ordonner l'affiche de son jugement, quand elle n'a pas été demandée par la partie civile. Cependant, si cette partie ne comparaissait pas, et que le ministère public poursuivît seul et d'office la répression du délit ou de la contravention, la partie publique peut-elle être privée du droit qui lui appartient incontestablement de réclamer l'exécution toute entière de la loi? Je ne le pense pas. Le ministère public, en l'absence de la partie civile, me paraît bien fondé à demander l'affffiche d'un jugement dans les cas où elle doit avoir lieu.

Il est encore quelques circonstances où les juges de police peuvent ordonner l'impression de leurs jugements : c'est lorsqu'il s'agit de contraventions commises par les boulangers dans l'exercice de leur profession, notamment pour l'exposition en vente de pains dont les poids sont infidèles ;

pour vente au-dessus de la taxe; pour défaut de marque des pains. Les différents décrets et ordonnances portés depuis quatre ans, pour la discipline et l'exercice du métier de boulager, ont en général donné la faculté aux tribunaux de police de prononcer l'impression de leurs jugements, mais ils n'en ont pas fait une condition impérieuse.

Voici l'article 16 du décret du 25 septembre 1813, qui est particulier à la ville de la Rochelle, et qui est conforme à plusieurs autres ordonnances sur le même sujet :

« Les contraventions au présent décret et aux réglements locaux, dont il est fait mention en l'article précédent, seront poursuivies et réprimées par le tribunal de police municipale, *qui pourra* prononcer l'impression et l'affiche du jugement aux frais des contrevenants. »

Imputation *ou* Déduction. C'est une compensation partielle d'une somme avec une autre qui est plus forte. Cette déduction réduit jusqu'à concurrence la dette du débiteur.

Il appartient à ce dernier de fixer le mode de l'imputation, c'est-à-dire sur une partie de la dette plutôt que sur une autre; mais il doit exercer ce droit au moment même du paiement qu'il fait à son créancier : autrement, celui-ci fait lui seul l'imputation; cependant il doit la faire telle qu'il la ferait pour lui-même, s'il était le débiteur. *Nimium æquum est duriorem causam quam magis debitori expediat, extingui. Leg. I^a, c. de Solutionibus.*

Quand le créancier ni le débiteur n'ont fixé une

imputation, elle se fait de droit sur la part la plus onéreuse au débiteur, c'est-à-dire sur les intérêts, quand la créance est réunie au principal. *Leg. Iᵃ, c. de Solutionibus.*

On distinguait au parlement de Paris si les intérêts étaient dus *ex naturâ rei,* ou s'ils étaient dus *ex officio judicis.* Au premier cas, les paiements s'imputaient d'abord sur les intérêts ; mais, si ces intérêts n'étaient dus qu'en vertu d'un jugement, l'imputation se faisait *in duriorem causam,* qui était alors le principal.

Telle était l'ancienne jurisprudence, et je ne vois rien dans la nouvelle qui y ait apporté des changements. Ce sont donc ces anciens principes que les juges de paix doivent appliquer, quand il est demandé ou qu'il y a lieu de faire des imputations dans les différentes causes qui leur sont soumises; ce qui est assez rare, parce que les imputations se font plus habituellement dans les matières réelles et hypothécaires dont les juges de paix ne connaissent pas.

Cependant l'imputation étant, comme je l'ai déjà dit, une compensation partielle, il est d'autres principes régulateurs de l'une, qui peuvent aussi régir l'autre dans différentes circonstances qui se présentent dans les actions pures personnelles et mobilières. *Voyez, en conséquence, l'article* Compensation.

Incapacité. *V.* Destitutions de la tutelle, Mère.

Incompatibilité. Les juges de paix ne peuvent être membres d'aucune administration, secrétaires

de ces autorités, notaires, receveurs des contribu-
tions directes ou indirectes, de l'enregistrement et
des domaines, payeurs, receveurs, employés dans
les douanes, postes et messageries, ni remplir aucune fonction sujette à comptabilité publique, ni
être membres d'autres tribunaux, ni avoués. Telles
sont les dispositions des lois des 27 mars 1791, et
24 vendémiaire an 3.

Dans ces nombreuses incompatibilités on n'y
voit point la profession d'avocat. L'indépendance
qui la caractérise n'a pas, sans doute, permis de
la comprendre au rang de celles déclarées incom-
patibles pour les juges de paix. D'ailleurs, un
avocat digne de ses nobles fonctions (1), n'est
jamais en contradiction avec les sages principes
qui constituent les justices pacifiques. Cependant
on peut me dire que l'article 86 du nouveau code
de procédure interdit aux juges de se charger de
la défense des parties, soit verbale, soit par écrit,
même à titre de consultation, et même encore dans
les tribunaux autres que ceux près desquels ils
exercent leurs fonctions.

Mais cette disposition ne paraît applicable qu'aux
juges de première instance seuls, puisqu'elle est
établie au titre de la police de leurs audiences. On
doit si peu l'étendre aux juges de paix, qu'ils sont
médiateurs nés des différends de leurs justiciables,
qualité qui les oblige souvent à établir les droits
de l'une ou de l'autre partie, soit verbalement,
soit par écrit. Je ne pense pas, cependant, qu'un

(1) *Vir bonus, dicendi peritus.* Cic.

juge de paix puisse être le défenseur habituel des plaideurs. La multiplicité des fonctions attachées à cette magistrature ne lui permet pas de faire un travail continuel au barreau ; mais je dis qu'un juge de paix jurisconsulte peut bien ou consulter, ou être arbitre dans les causes qui ne sont pas de sa compétence, lorsque ses fonctions ou son activité lui en laissent la liberté. Je ne connais, d'ailleurs, aucune loi, ni décision contraire à cette opinion.

INCOMPÉTENCE. Il y a incompétence quand on saisit un juge d'une action qui est étrangère à ses attributions, ou qui excède le *maximum* de sa compétence. En ce cas, on peut décliner sa juridiction et demander son renvoi devant le juge compétent. *V*. DÉCLINATOIRE.

Il y a plusieurs sortes d'incompétence. 1º Celle qui résulte des personnes ; 2º celle qui naît de la chose contentieuse, et celle qui provient des différences des matières. Ainsi il y a incompétence *ratione personæ*, *aut domicilii*, lorsqu'on traduit devant un juge de paix, une partie qui n'est pas domiciliée dans son arrondissement, si toutefois elle n'y est pas appelée à cause de la situation des lieux. Il y a incompétence, *ratione rei*, si une action possessoire est portée devant un autre juge que celui de la chose possédée. Il y a enfin incompétence, *ratione materiæ*, si on introduit devant un juge de paix, une action réelle ou pétitoire.

Il y avait autrefois plusieurs autres sortes d'incompétence, comme celles qui résultaient de certains priviléges et de causes commises. La nouvelle jurisprudence les a fait disparaître.

Le juge de paix prononce sur sa compétence lorsqu'elle est attaquée ; mais en ce cas, ses jugements sont sujets à l'appel, lors même qu'il aurait décidé dans une cause en dernier ressort. *V*. APPEL. Cependant la jurisprudence primitive des tribunaux de paix ne permettait dans cette hypothèse que de se pourvoir en cassation.

Tout juge peut reconnaître son incompétence en tout état de cause : quand même il se serait déclaré compétent, il n'est point lié par un tel jugement. *V*. JUGEMENTS.

Si le juge rejette le déclinatoire, il peut statuer sur le fond par le même jugement, mais après avoir entendu les parties sur le fond, ou sur le refus du déclinant de défendre au fond : alors son jugement doit avoir deux dispositions distinctes, l'une sur la compétence, l'autre sur le principal.

Quand doit-on proposer l'exception d'incompétence ? *In limine litis*, avant la contestation du fond ; autrement elle est couverte. L'article 424 du code de procédure paraît cependant en excepter l'incompétence à raison de la matière, pour laquelle, après avoir prescrit aux juges de renvoyer les parties, encore que le déclinatoire n'ait pas été proposé, il ajoute : « Le déclinatoire *pour toute autre cause* ne pourra être proposé que préalablement à toute autre défense. » Donc on peut proposer en tout état de cause celui qui naît de la différence de la matière.

Je crois cette conséquence d'autant plus fondée, que la cour de cassation a jugé, par arrêt du 4 février 1806, que l'incompétence *ratione personæ* n'est plus admissible sur l'appel. Celle de Bruxelles a jugé positivement que l'incompétence *ratione materiæ* est absolue, c'est-à-dire, qu'elle ne se couvre point. (*Arrêt du 25 mars 1808.*)

INDEMNITÉ. C'est un dédommagement qui s'accorde à celui qui éprouve un tort, une perte ou un préjudice par le fait d'autrui et même par faute de faire ce qu'on lui a promis. L'indemnité est, sous plusieurs rapports, synonyme à dommages-intérêts.

Il y a plusieurs sortes d'indemnités, dont beaucoup ne sont pas de la compétence des juges de paix, parce qu'elles résultent de la nature des actions attribuées à d'autres juges. Celles dont les tribunaux de paix connaissent, sont les indemnités pour dommages simples; celles qui naissent des contraventions, des usurpations de terre, d'arbres, de haies, de fossés, de cours d'eau, etc., des délits et quasi-délits, de faits accidentels par imprudence ou négligence, de la non-exécution des promesses ou conventions. Chacune de ces choses est traitée séparément dans cet ouvrage; et, pour éviter des redites, je me bornerai à parler ici des indemnités pour non-jouissance, prétendues par les fermiers ou locataires.

Les juges de paix en connaissent jusqu'à cinquante francs en dernier ressort, et à charge d'appel, à quelque valeur que la demande puisse s'élever. Cependant, lorsque le droit de l'indemnité est contesté, les juges de paix ne sont pas compétents sur le fond du droit (1).

Mais s'il s'élevait une mauvaise contestation à cet égard ; si, par exemple, le propriétaire eût reconnu par le bail même, ou par quelque acte postérieur, la légitimité du droit de l'indemnité ; si encore une estimation de la non-jouissance eût été faite volontairement ou judiciairement, en présence du propriétaire, sans opposition ni contestation sur le fond du droit, ce propriétaire pourrait-il décliner, dans ces circonstances, la juridiction du juge de paix, soit en désapprouvant la valeur de l'estimation de l'indemnité, soit en contestant le fond du droit déjà reconnu ? Je ne le pense pas ; je l'ai même jugé deux fois négativement, et ces décisions ont été confirmées sur l'appel.

Quand il s'agit d'apprécier la valeur de ces indemnités, il est souvent indispensable de visiter les lieux. (*Art.* 41 *du Code de procédure civile.*) Mais ces visites ne doivent-elles pas, en certains cas, être faites avant toute contestation ? Au civil, la loi ne prononce point que les juges de paix feront des visites préliminaires : cependant, s'il s'agit d'un dommage dont la valeur doit servir de base à l'action, il est prudent, nécessaire même que l'estimation du dommage soit faite avant l'introduction de la cause. Si, en effet, un fermier ou un usufruitier a commis des dégradations considérables sur le domaine dont il a la jouis-

______

(1) *Article* 10, *titre* 3 *de la loi du* 24 *août* 1790.

18.

sance, la constatation de ces dégradations devient un titre au propriétaire qui justifie sa demande en résolution du contrat. Alors le juge de paix qui, en vertu de la loi du 24 août 1790, connaît des dégradations alléguées par le propriétaire, peut en ordonner provisoirement la visite.

En matière de police, la loi s'explique positivement sur les visites qui précèdent la demande. *V.* PROCÉDURES EN MATIÈRE DE POLICE. J'ajouterai à ce qui est dit dans cet article que, lorsque la compétence se règle par la quotité de l'amende, et que l'amende se règle elle-même par la valeur du dommage, le juge de paix peut et doit estimer avant l'audience le dommage dont il est question, soit sur la plainte de la partie lésée, soit sur la réquisition du ministère public.

INJONCTIONS. Les juges de paix ont le droit d'enjoindre à leurs huissiers de faire les actes de leur ministère, lorsqu'ils s'y refusent. Et s'ils persistaient dans leurs refus malgré l'injonction, les juges pourraient leur infliger une suspension limitée et même une révocation absolue, sans préjudice des dommages-intérêts de la partie lésée, qui pourrait se pourvoir ainsi que de droit.

Les juges de paix peuvent aussi, lorsqu'il y a lieu, enjoindre à leurs greffiers de délivrer des expéditions des jugements, actes et procès verbaux dont ils sont dépositaires. Mais, en cas d'obtination dans leurs refus, ils ne peuvent ni les suspendre ni les interdire ; ils doivent provoquer ces peines de l'autorité supérieure, en délaissant, d'ailleurs, aux parties à se pourvoir contre les greffiers par

la voie de la prise à partie, afin de les faire condamner par corps à satisfaire à l'injonction avec
telles peines et indemnités que de droit.

Une disposition particulière de la loi de l'an 7,
sur le timbre et l'enregistrement, autorise les
juges de paix à faire des injonctions aux receveurs de l'enregistrement et des domaines, qui
refusent de délivrer des extraits des actes qu'ils
ont enregistrés.

Injures. Les injures écrites et publiques ont
toujours été et sont encore du domaine des tribunaux correctionnels. Plusieurs arrêts de la
cour de cassation ont confirmé ce point de législation : les plus remarquables sont ceux des 11
nivose an 10, 21 germinal an 13, et 11 vendémiaire an 14. Cependant si l'injure écrite n'a
acquis aucune publicité, par exemple, si elle
n'est écrite qu'à la personne insultée, l'injure n'est
alors que de simple police. C'est ainsi que la cour
de cassation l'a décidé , par arrêt du 10 avril
1817, dans lequel on remarque ce motif : « Attendu
que si la lettre écrite au juge de paix de Tours
n'avait pas acquis de publicité, et si elle était
demeurée confidentielle jusqu'à l'introduction de
la cause, elle ne pouvait donner lieu qu'à des
peines de simple police , etc. »

Mais les injures verbales ont été constamment
attribuées à la décision des juges de paix , d'abord
comme matières purement civiles, par la loi du
24 août 1790 ; alors ils prononçaient en dernier
ressort sur les injures quand les condamnations
civiles n'excédaient pas 5o francs. Un décret du

8 pluviose an 2 cassa même un arrêt de la cour de cassation, qui en avait jugé autrement. Mais depuis le code de brumaire an 4, ces sortes d'injures sont qualifiées délits ou contraventions, et les juges de paix n'en connaissent qu'en tribunal de police.

Les plaintes pour injures verbales se prouvent par procès verbaux ou rapports, par témoins ou par écrit, ainsi que toute autre contravention.

Il arrive souvent que sur ces plaintes, l'accusé cherche à se disculper en alléguant que les imputations qu'il a faites sont certaines, ou existantes, ou notoires, et qu'enfin il offre de prouver que le plaignant est tel qu'il l'a qualifié. Mais ni ces exceptions, ni ces preuves ne sont admissibles : *veritas convitii ab injuriâ non excusat, ut latè explicat* Boerius, cons. 4. Je dis plus : de telles preuves pourraient souvent être très-immorales.

La vérité de l'injure verbale n'excuse que dans un seul cas ; c'est lorsque l'accusé peut faire la preuve légale des injures qu'il a proférées. Et cette preuve doit être fournie ou par un jugement ou par tout autre acte authentique. Tel est le texte de l'article 370 du nouveau code pénal, qui me paraît avoir été puisé dans la *loi* 18, *in Princ.*, § *de injur.*, qui permettait d'injurier une personne en lui imputant le crime dont elle avait été convaincue. Plusieurs parlements suivaient, d'ailleurs, cette jurisprudence. *V. pour le complément de cet article,* Contraventions de première classe, n° 11.

Instruments aratoires. La loi du 6 octobre 1791, article 31 du titre 2, punissait toute rupture ou destruction d'instruments d'agriculture, commise dans les champs ouverts, d'une amende égale à la somme du dédommagement dû au cultivateur, et d'une détention d'un à six mois. Cette peine était appliquée par les tribunaux correctionnels; il en est encore de même aujourd'hui. Mais le nouveau code pénal a étendu plus loin sa surveillance; il a voulu écarter de la main du méchant tout ce qui peut favoriser ses coupables projets et servir l'intérêt particulier, en corrigeant même la négligence. C'est par ces motifs que l'art. 471, 7e paragraphe, répute contravention de première classe, et punit d'une amende d'un fr. à cinq francs, ceux qui laissent dans les rues, chemins, places, lieux publics, ou dans les champs, des coutres de charrues, pinces, barres, barreaux, ou autres machines, instruments ou armes dont puissent abuser les malfaiteurs et les voleurs. Cette amende est prononcée par les juges de paix en tribunal de police: il y a souvent lieu de l'appliquer en dernier ressort. V. Appel, Contraventions de première classe.

Interdiction civile. Elle a lieu pour cause d'imbécillité, de démence ou de fureur. Les fonctions des juges de paix sont à cet égard:

1º De convoquer et présider un conseil de famille qui est appelé à donner son avis sur l'état et les facultés mentales de la personne dont l'interdiction est demandée.

La réunion de ce conseil ne peut se faire qu'en

vertu d'un jugement du tribunal de première instance, rendu sur les conclusions du procureur du roi. (*Articles* 494 *du Code civil et* 892 *du Code de procédure.*)

2° De pourvoir d'un tuteur et d'un subrogé tuteur, celui qui est interdit, après toutefois que le jugement d'interdiction n'est plus sujet à l'appel. Le juge de paix peut alors convoquer le conseil de famille, soit d'office, soit sur la réquisition du parent ou de l'époux qui a poursuivi l'interdiction.

3° Lorsqu'il est question du mariage de l'enfant d'un interdit, la dot ou l'avancement d'hoirie et les autres conventions matrimoniales seront réglées par un avis du conseil de famille, homologué par le tribunal de première instance, sur les conclusions du procureur du roi.

4° L'interdit est assimilé au mineur, pour sa personne et pour ses biens : les lois sur la tutelle des mineurs s'appliquent à la tutelle des interdits. (*Article* 509, *Code civil.*) Ainsi, dans tous les cas où l'administration de la tutelle des mineurs exige des avis de parents, autorisations, dispenses, etc., il en est de même de la tutelle des interdits.

Le mari est de droit tuteur de sa femme interdite, et la femme peut être nommée tutrice de son mari interdit (1); mais en ce cas le conseil de

(1) Jugé par la cour de Paris, le 7 janvier 1815, que la femme a un droit exclusif d'être élue tutrice de son mari

famille doit régler la forme et les conditions de l'administration, sauf le recours devant les tribunaux de la part de la femme qui se croirait lésée par l'arrêté de la famille.

Nul, à l'exception des époux, des ascendants et descendants, n'est tenu de conserver la tutelle d'un interdit au-delà de dix ans. A l'expiration de ce délai, le tuteur pourra demander et devra obtenir son remplacement.

Quant à la composition, la tenue et la délibération des conseils de famille des interdits, elles sont absolument les mêmes que celles prescrites par la section 4, chapitre II, titre 10 du Code civil. On trouvera toutes ces formes, *verbo* Conseil de famille.

Intérêts. Ils peuvent être adjugés par les juges de paix dans toutes les condamnations qu'ils prononcent.

Ce n'est point du jour de la promesse du billet, ou de la convention, que courent les intérêts, mais seulement du jour de la demande suivie d'une condamnation. Cela est conforme à l'ancienne et à la nouvelle jurisprudence. La cour de cassation l'a ainsi jugé le 3 brumaire an 8. Cependant elle a décidé depuis, que les tribunaux peuvent adjuger les intérêts quoique non stipulés dans l'acte, billet, ou promesse, à dater du jour de l'obligation, s'il résulte des débats que les parties étaient convenues de les faire courir ainsi.

interdit, à moins de causes graves dans l'intérêt de l'interdit ou de ses enfants.

(*Arrêt du* 30 *brumaire an* 13.) Voilà, ce me semble, une exception au droit commun, absolument nouvelle.

Les intérêts ne sont pas dus depuis les offres jusqu'à la consignation, lorsque le retard provient du fait du créancier. C'est le dispositif d'un autre arrêt de la même cour, du 27 floréal an 10.

Tous intérêts ne peuvent jamais en produire d'autres. Il est défendu de stipuler les intérêts des intérêts pour quelque cause que ce soit, ou de les réunir avec le capital. Les anciennes ordonnances étaient positives sur ce point. (*Voyez les articles* 1 *et* 2 *de l'ordonnance de* 1673.) Ces dispositions ne sont point changées : plusieurs cours les ont au contraire confirmées, notamment celle de Limoges, par arrêt du 10 mars 1808, et celle de cassation, par autre arrêt du 7 frimaire an 12.

En général, les intérêts ne peuvent être fixés qu'au taux établi par les lois. Ce taux est de 5 pour 100, pour les transactions civiles ; et de 6 pour 100, dans les affaires de commerce. Tout intérêt qui excède ces proportions, est réputé usuraire, et alors il est réductible, même imputable en déduction du principal. (*Loi du* 3 *sept.* 1807.)

Il est de règle élémentaire que les intérêts ne courent du jour de la demande, que lorsqu'il s'agit d'un principal échu, liquidé et non-contesté, parce que autrement le débiteur ne serait pas en demeure de payer ; d'ailleurs, les intérêts ne peuvent être dus que *ex morâ debitoris et judicis officio*. Mais lorsque la chose demandée et adjugée n'est pas liquide, les intérêts ne courent que du jour de la liquidation. Ainsi jugé par arrêt du parlement de Paris, du 9 février 1715.

Une autre règle élémentaire pour les intérêts, c'est qu'on ne peut les séparer d'avec le principal, soit pour le privilége, soit pour la manière d'en exiger le paiement. *Accessorium sequitur naturam vel sortem rei principalis.*

INTERVENTION. C'est un moyen de se rendre incidemment partie dans une cause où l'on n'a pas été appelé, lorsque, d'ailleurs, on a un intérêt certain d'y paraître.

L'intervention en cause principale devant les tribunaux de première instance, s'introduit par requête ; mais devant les juges de paix, elle doit se faire verbalement et à l'audience. Toute instruction écrite est prohibée devant ces magistrats. Le nouveau code est même muet sur le fait des interventions en justice de paix, ce qui est une lacune à remplir.

Si un intervenant fait notifier par une simple citation son intervention aux parties, soit avant la première audience, soit après un interlocutoire ou un préparatoire, on demande s'il y a nullité. Je ne le pense pas. Les interventions ont toujours été regardées comme des actions principales pour lesquelles la citation est indispensable quand les deux parties ne comparaissent pas volontairement, sur-tout si l'intervenant paraît dans l'instance, *ad removendum agentem vel defendentem;* dans ce cas il peut même faire son enquête particulière si la partie principale avait fait la sienne. *V.* Bornier, *art.* 28, *tit. II de l'ordonnance de* 1667.

L'intervention n'a point lieu en cause d'appel, si ce n'est de la part de ceux qui auraient droit de former tierce opposition. (*Art.* 466, *Code de procéd.*) La cour suprême a décidé par trois arrêts successifs, que l'on peut intervenir en cause d'appel lorsque l'intervention n'a pour objet que d'adhérer aux conclusions prises par l'une des parties. Le dernier de ces arrêts est du 18 août 1808, par conséquent postérieur au code de procédure. Au reste, ce point de controverse ne peut intéresser les juges de paix, qui ne sont jamais juges d'appel. Mais ce qu'il leur importe de savoir, c'est que les interventions s'instruisent et se jugent dans les mêmes formes que les actions principales ; c'est encore, que tout intervenant qui n'a pas un intérêt positif à la cause dans laquelle il se présente, doit en être débouté *ipso facto*, et condamné aux dépens ; c'est enfin qu'il n'y a point lieu de provoquer la conciliation avant d'introduire l'intervention dans les causes pendantes devant les tribunaux de première instance.

INVENTAIRE APRÈS DÉCÈS. C'est le bilan ou le tableau d'une succession, et des objets qui composent son mobilier. Cet acte fait par des notaires assistés d'experts, ou de commissaires-priseurs, est maintenant indépendant de la levée des scellés. Autrefois, dans plusieurs provinces, l'inventaire après décès se faisait en concurrence par les juges seigneuriaux et par les notaires. Souvent même ces juges ne faisaient qu'un même acte de la levée des scellés et de l'inventaire.

Les juges de paix n'ont point ces attribu-

tions (1); mais toutes les fois que les scellés sont
apposés sur le mobilier d'une succession, pour
quelque cause que ce soit, l'inventaire ne peut
être fait qu'en la présence du juge de paix, et à
mesure qu'il lève les scellés. Il doit même les
réapposer, à la fin de chaque vacation, quand
l'inventaire n'est pas terminé, sur les meubles qui
restent à inventorier.(*Art.* 937, *Code de procéd.*)

D'ailleurs les juges de paix assistent aux inventaires, comme surveillants des tuteurs et comme
conservateurs des droits des absents, comme di-
rigeant l'ordre établi dans le mode de représentation des opposants, enfin comme rapporteurs
en référé devant les présidents de première instance, des difficultés et des contestations qui s'é-
lèvent pendant le cours de la levée du scellé et
de l'inventaire. Tels sont les motifs qui me paraissent avoir fait revivre l'ancien usage du châ-
telet de Paris, et d'un grand nombre de tribunaux du royaume, d'après lequel, tout juge qui
avait fait une apposition de scellés, assistait toujours à l'inventaire quand il ne le faisait pas lui-
même (2).

J'ai dit que le juge de paix dirige l'ordre établi
dans le mode de représentation des opposants,

(1) Cependant, s'il n'y a lieu qu'à une simple description de modiques effets, *V.* Scellés après décès.

(2) Un juge de paix peut encore assister à un inventaire du mobilier d'un absent dont les héritiers ont été envoyés en possession; mais ce n'est que lorsque ce magistrat
en est requis par le procureur du roi. (*Article* 126 *du
Code civil.*)

parce que cet ordre même est établi au rang et
au titre des formalités prescrites pour la levée
des scellés, qui n'appartient qu'au juge seul. Il
doit donc en régulariser toutes les formalités.
Cependant en cas de contestation, je pense que
les décisions du juge de paix ne sont que provisoires et qu'il doit en référer devant le président
du tribunal, auquel il fait son rapport du litige.
V. Référé.

Il n'appartient qu'au juge de paix seul d'exercer ces fonctions de rapporteur, toutes les fois que
l'inventaire se fait avec la levée des scellés, parce
qu'alors lui seul a droit d'ordonner le référé, parce
qu'il a même l'autorité de statuer par provision en
cas d'urgence, parce qu'enfin les ordonnances sur
référés sont écrites sur son procès verbal et non
sur l'inventaire. (*Articles* 921 *et* 922, *Code de
procédure.*)

J'ai cependant vu admettre un référé introduit
par un notaire qui procédait à un inventaire à
mesure d'une levée de scellés, sans même en donner avis au juge de paix : mais c'était une erreur
évidente. Si l'article 944 du code de procédure
permet aux notaires résidants dans le canton où
siége le tribunal, de référer eux-mêmes au président sur les difficultés qui surviennent pendant
l'inventaire, c'est lorsque cet acte se fait sans qu'il
y ait une levée de scellés ; c'est aussi ce que deux
commentateurs du code ont fort bien distingué :
autrement, ont-ils dit, c'est toujours le juge de
paix qui réfère au président ; lui seul alors a ca-

ractère pour cela, et son acte seul est désigné pour recevoir l'ordonnance sur référé.

Au reste, cet article 944 a été puisé dans l'arrêt de réglement du 21 avril 1751 qui, en déclarant les notaires des ministres de paix, établit qu'ils ne peuvent rien ordonner sur les difficultés qui s'élèvent lors des inventaires, mais seulement délaisser aux parties à se pourvoir.

Un autre arrêt du 7 juillet 1761, rendu entre les juges du présidial d'Orléans et les notaires de la même ville, ordonna que ces notaires seraient tenus de *délaisser les parties* à se pourvoir sur les contestations qui surviendraient dans les inventaires (1).

Aussi le magistrat qui vida le référé très-extraordinaire dont je parle, en accueillit un second que lui fit le juge de paix, sans avoir égard au premier. L'ordonnance définitive qui fut rendue, adopta même les mesures d'exécution que le juge de paix avait signalées comme correctives ou supplétives du premier référé, et elle fut écrite, suivant la loi, sur le procès verbal du juge, et non sur l'inventaire.

Les juges de paix ont encore, à l'égard de cet acte, d'autres attributions : 1º S'il est trouvé des objets et papiers étrangers à la succession, réclamés par des tiers, ils sont remis à qui il appartient. S'ils ne peuvent être remis à l'instant, et qu'il soit nécessaire d'en faire la description, elle est faite

(1) *V. Collection de Jurisprudence*, *Cod.* n°⁵ 64, 65, 107 *et* 108.

sur le procès verbal des scellés, et non sur l'inventaire. (*Article* 939 , *Code de procédure.*)

Cette disposition est conforme à l'ancienne jurisprudence. D'ailleurs l'inventaire ne se compose que des objets appartenants à la succession, et non de ceux qui lui sont étrangers ; mais le ministère du juge s'étend à la conservation des droits de tous.

2°. Si les pères ou mères survivants sont dans le cas de conserver en nature les meubles de leur communauté , suivant les facultés et les temps établis par la loi , ils nomment un expert pour estimer les meubles et effets qui composent cette communauté. Cette nomination est faite devant le juge de paix , qui reçoit le serment de l'expert. (*Article* 453 *du Code civil.*)

Sans cette formalité , l'inventaire qui serait fait par l'époux survivant serait nul. Il en serait de même du simple état estimatif , autorisé par le même article 453.

3°. Le conjoint commun en biens, les héritiers, l'exécuteur testamentaire, et les légataires universels ou à titre universel , pourront convenir d'un choix d'un ou deux notaires, et d'un ou deux commissaires-priseurs ou experts , pour faire l'inventaire ; s'ils n'en conviennent pas , il sera procédé, suivant la nature des objets , par les notaires, commissaires-priseurs ou experts qui seront nommés d'office par le président de première instance ; mais les experts prêtent serment devant le juge de paix. (*Article* 935 , *Code de procédure.*)

Je dois observer, à l'égard de ces nominations

d'expert et prestations de serment, qu'elles sont fortement réduites aujourd'hui d'après les lois et ordonnance de 1816, qui ont établi des commissaires-priseurs dans tous les chefs-lieux d'arrondissement, en leur conférant le droit exclusif de faire les estimations et prisées dans le chef-lieu assigné à chacun. Ces commissaires ayant serment en justice, n'en prêtent point devant les juges de paix.

INVENTAIRE APRÈS FAILLITE. Cet acte se fait par les syndics provisoires de la faillite, et non par des notaires. Le code de commerce déroge sur ce point à l'usage et à l'ordre même, en investissant de simples particuliers du droit de faire un acte public.

Le juge de paix assiste à cet inventaire, il le signe à chaque vacation. C'est le seul caractère d'authenticité que reçoit un tel acte, qui ne se fait d'ailleurs qu'à mesure de la levée des scellés ; car elle-même ne se fait que d'après les règles établies par le code de procédure.

S'il survient des difficultés pendant cet inventaire, soit de la part des créanciers, soit de celle de l'épouse du failli, soit entre les syndics eux-mêmes, qui les décidera, et comment ? C'est peut-être une lacune que le code de commerce laisse à remplir. Je pense qu'alors il faut se rapprocher des autres dispositions de la loi. — Point de doute que les syndics n'ont aucun caractère public ; ils n'exercent dans l'inventaire qu'une fonction très-temporaire, qui ne leur attribue aucune autorité ; ils ne peuvent même délaisser les parties à se pourvoir, parce que la loi ne le dit point, et parce qu'encore ils sont parties eux-mêmes sous plusieurs rapports.

A l'égard du juge de paix qui assiste à l'inventaire de la faillite, avec les mêmes droits qu'aux inventaires après décès, il serait certainement compétent pour en référer, si le magistrat, auquel il peut seul s'adresser pour vider un référé, était lui-même compétent dans la matière. Mais le président de première instance n'a rien à décider en fait de faillite; toutes ces contestations civiles qui s'y rapportent doivent être décidées par les tribunaux de commerce. Or, un juge de paix n'est en aucune relation avec ces tribunaux; il en est même indépendant; il ne peut donc ordonner un référé devant le président du tribunal de commerce, encore moins y faire un rapport des difficultés survenues pendant l'inventaire de la faillite. Mais n'y a-t-il pas un rapporteur nécessaire de toutes les contestations relatives à la faillite? et ne peut-on pas comprendre les obstacles qui surviennent pendant l'inventaire? Je pense que le juge-commissaire établi par l'article 454 du code de commerce, doit faire au tribunal le rapport de ces obstacles, parce qu'il a droit de suivre la marche de la faillite en général, quoiqu'il n'assiste ni à la levée des scellés ni à l'inventaire. Il est d'ailleurs le surveillant de l'administration des agents et de celle des syndics provisoires.

Ainsi, en cas de contestation pendant la levée des scellés, ou l'inventaire, le juge de paix doit se borner à dire et ordonner qu'il sera sursis tant à la levée des scellés qu'à l'inventaire, et en conséquence délaisser les parties à se pourvoir devant qui de droit pour faire décider le différend. Alors les syndics se retirent par devers le juge-commissaire, en lui remettant les pièces, et celui-ci fait son rapport au tribunal, qui prononce définitivement. Les opérations sont ensuite continuées conformément à cette décision.

Il est inutile de dire qu'en cas d'une telle interruption, les scellés doivent être réapposés sur tous les objets qui n'ont pas été inventoriés : la loi est formelle à cet égard ; mais, s'il survenait des difficultés d'une nature différente, sur les faits de la faillite, s'il était découvert pendant les opérations du juge de paix des traces de fraude, ou de ces pièces matérielles constatant, soit des suppositions, soit des soustractions ou recélés, ou enfin toute autre chose qui pourrait conduire à établir une banqueroute frauduleuse, alors ces difficultés n'appartiendraient ni aux syndics, ni au juge-commissaire, ni au tribunal de commerce ; ce serait au juge de paix à agir pour l'intérêt public ; il exercerait alors toute l'autorité que les lois lui donnent comme officier de police judiciaire, et s'il y avait du danger à laisser continuer les opérations, il les suspendrait jusqu'à ce qu'il en fût décidé, soit par le procureur du roi, soit par le juge d'instruction, et même jusqu'à l'ordonnance du tribunal entier.

Dans ces cas extraordinaires, sans attendre des dénonciations ni plaintes, le juge de paix est tenu de dresser procès verbal des faits, ainsi qu'il doit le faire de tous crimes et délits dont il acquiert la connaissance dans l'exercice de ses fonctions; il se saisit des pièces justificatives, s'il y en a, les paraphe, les fait parapher aux parties, ou constate leur refus; il adresse le tout sans retard au procureur du roi. (*Article* 29, *Code d'instruction criminelle.*)

Cependant, s'il y avait flagrant délit, le juge de paix ne devrait pas se borner à faire un simple procès verbal, il devrait encore recevoir les déclarations des témoins, faire les visites ou perquisitions, et tous autres actes qui sont, en ce cas, de la compétence des procureurs du roi; le tout suivant les formes établies pour ces magistrats. *V.* POLICE JUDICIAIRE.

IRRÉVÉRENCE OU INSULTE ENVERS LES JUGES DE PAIX. *V.* AUDIENCE.

FIN DU TOME PREMIER.

De l'Imprimerie de CELLOT, rue des Gr.-Augustins, n° 9.

www.ingramcontent.com/pod-product-compliance
Lightning Source LLC
LaVergne TN
LVHW021941030726
842523LV00001B/243